新市民伝

NPO《非営利組織》を担う人々

Not-for-profit Organization

辻 陽明+新市民伝制作プロジェクト

講談社エディトリアル

まえがき

昔の「市民運動」は行政に社会問題の解決を求めるだけで終わりがちでした。ところが、いまの「市民」は自分で問題の解決方法を考えて実践しています。環境や教育、福祉、まちづくりなどさまざまな分野で、社会の問題に先駆的に取り組む人たちがいます。行政や企業とは異なる立場で、自ら進んで公共的な活動に取り組む。そんな担い手を本書では、「新市民」と呼んでみました。

社会には大きく分けて3種類の組織があります。行政（政府や地方自治体）と営利企業と、どちらからも独立した民間の非営利組織や団体です。３つ目が「新市民」の組織といえるでしょう。ＮＰＯ（非営利組織 Not-for-profit/Nonprofit Organization）やＮＧＯ（非政府組織 Non-governmental Organization）と呼ばれ、欧米では大きな社会的役割を果たしてきましたが、日本でもその重要性が認識されてきています。

硬直的な行政と利益優先の企業だけでは、社会は行き詰まってしまいます。「新市民」は、

（1）新しい問題に取り組む先駆性
（2）縦割りの分野をつなぐ総合化の能力
（3）多様な政策を示す提言性
（4）機動力

（5）消費者の立場からチェックする

こんな機能で社会を変えつつあります。

詳しくは本文をお読みいただきたいと思いますが、具体的な例で見てみましょう。

まず、先駆性の例として、不登校の子どものフリースクールがあげられます。草分けの東京シューレの奥地圭子理事長は、長男の不登校を機に始めた「親の会」で「不登校は特別なことではない」と気づき、フリースクールを開設しました。

当時の教育行政では「不登校は本人や親が原因」。不登校の子どもは自宅にいるしかありませんでしたが、その彼らに「安心していられる学校外の居場所」を提供しました。「学校離れ」が続く中で行政は、この活動が示してきた教育の多様な選択肢を無視できなくなっています。

先駆性は現場から生まれます。東京都立川市のケア・センターやわらぎの石川治江代表は在宅介護のボランティアに限界を感じ、有償の事業を始めました。増え続ける高齢者の需要にこたえるには、どのヘルパーも担当できるようにする必要がある。そこで利用者の介護メニューがすぐわかるソフトを開発。これが後に介護保険のモデルになりました。

多文化共生センター大阪の田村太郎代表理事らは95年の阪神・淡路大震災のとき、日本語が不自由な在住外国人に多言語で情報を伝えました。活動はその後、要望が強い医療や労働、教育など日常生活の支援に広がってゆきました。日本の行政が欠落している分野でした。

総合化の例としては、全国に広がる「菜の花プロジェクト」がわかりやすいでしょう。休耕田に菜の花を植え、採ったナタネの油を学校給食に使い、廃食油から燃料をつくって車を走らせる。菜の花プロジェクトネットワークの藤井絢子理事長が提唱した地域循環の仕組みです。

廃食油を回収してつくったせっけんを使う運動が壁にぶつかったとき思いつきました。地元の町の関係者に協力を求めて実現し、農林水産省などに働きかけて国家的な事業に発展しました。

総合化には事業の設計図を描く構想力と実行力が欠かせません。静岡県の浜松ＮＰＯネットワークセンターの山口祐子顧問らは、天竜川の支流の治水構想づくりを県から受託したとき住民参加の調査を徹底。生活や農業用の排水路７本が１ヵ所に集中して洪水になりやすい実態を明らかにし、浜松市や県が連絡を取りあう体制を求めたのです。地元の小学校を巻き込み、川から地域を知る授業につなげました。

多様な政策提言で目立つのは地球温暖化防止です。気候ネットワークの平田仁子《きみこ》理事は国際交渉や国内対策で及び腰の政府に本気で取り組むよう求めました。

日本地質汚染審査機構の楡井《にれい》久理事長は、環境省や業界が主導する土壌汚染対策法の調査法を「汚染を見逃し、広げかねない」と批判。普及につとめてきた独自の「単元調査法」に転換すべきだと主張しました。

機動力の典型は国際支援です。ジェン（ＪＥＮ）の木山啓子事務局長は、05年のパキスタン地震でいち早く現地に入り、被災者に仮設テントを届けました。「災害でも紛争でも困っている人がいればすぐに動く」

企業へのチェックが必要な代表格は住宅です。建築Ｇメンの会の中村幸安顧問は欠陥住宅問題に取り組んだ経験から、消費者側に立つ優れた専門家を増やす必要を痛感しました。独自の資格「建築Ｇメン」を設け、工事が常に監視される状態をめざしました。

銀行がバブル期に持ちかけた過剰融資で多くの高齢者が借金地獄に陥りました。銀行の貸し手責任を問う会の椎名麻紗枝事務局長は弁護士としても「銀行被害者」を支援しています。

これらの「新市民」の機能は、11年3月の東日本大震災でも発揮されています。巨大な地震と津波は東日本の太平洋岸一帯に甚大な被害をもたらすと同時に、原子力発電の「安全神話」も打ち砕きました。そんな中で、さまざまな「新市民」たちが、先駆性と縦割りの分野をつなぐ総合性、そして機動性を生かして被災者の支援に取り組むとともに、地域社会の復興に向け、様々な提言や行政、企業活動へのチェックをしています。

「新市民」の特徴はその多様性にあります。年齢、性別、地域、立場を越えて人々が集い、知恵を出し合うことによって、社会問題の解決をめざす活力が生まれてくるのです。

いま、「新市民」の存在は、ますます重要になっているのです。

辻 陽明

新市民伝制作プロジェクト

《新市民伝制作プロジェクト》朝日新聞朝刊に辻が連載したコラム『新市民伝』（05年10月8日〜07年2月24日）を、同僚・友人・知人・家族が辻の遺志を継ぎ単行本化するプロジェクト。ＮＰＯの創生期から成長期への20年の歩みや担ってきた人たちを取り上げ、ＮＰＯ革命の全貌を多角的に伝える取り組み。

本書の特徴と構成

本書の特徴は「多様性」です。10年20年という長期にわたり、さまざまな分野でＮＰＯ活動に奮闘してきた新市民、それを応援してきた人たち、市民セクターの制度作りにかかわってきた人々。これら年齢、性別、背景の違う多様な人々の歩みや思い、提言を、ルポ、記事、寄稿などの形で、以下の4部構成でまとめています。

第一部では、さまざまな形のＮＰＯの現場を訪ねて、じっくり話を聞いてきました。

第二部では、ＮＰＯやボランティアを支援してきた人たちから、ＮＰＯの意義や役割をお聞きしました。

第三部では、新市民の活動や団体の紹介に加えて、次のような興味深いデータも加えました。

職歴、目指す社会の姿、影響を受けた書籍等、応援している新市民

団体の拠点や法人形態、年間活動費（13年度実績）、有給職員数、連絡先

さらに、10年20年と活動を続けてきて、今、15年に何を思うかもお聞きしています。

第四部は、市民セクターを日本社会に定着させるための制度について、長期にわたり直接かかわってこられた方々からの寄稿です。東日本大震災での活動や、若者を中心に生まれている新しい潮流も紹介します。

索引には、本書に登場する全団体を挙げました。興味のあるＮＰＯがきっと見つかると思います。

本書はどこから読んでいただいてもかまいません。さっと開いたそのページから、ＮＰＯについて知り、考える一歩をぜひ踏み出してください。

目次

第三部　「新市民」群像——ＮＰＯの土台を築いた人々

子ども

まちづくり

福祉

環境

海外支援

市民保護

ＮＰＯ支援

第四部　ＮＰＯの歩みと日本社会――創生期から発展期へ

装幀・装画／村瀬成人

第一部

「新市民」の現場を歩く

1　夫婦で作ったＮＰＯ

ゆめ・まち・ねっと　渡部達也・美樹さん

静岡県富士市の住宅街の一角、「子どものたまり場・おもしろ荘」を訪ねると、トランプをしたり、黒板に落書きをしたりして子どもたちが遊んでいる。「おかえり」と迎えてくれるのは、おもしろ荘を運営するＮＰＯ法人「ゆめ・まち・ねっと」の代表、渡部達也さんと美樹さん夫婦だ。「たっちゃん」「みっきぃ」。子どもたちや地域の人たちにはこう呼ばれている。

いじめや不登校、虐待などで「学校や家庭で生きづらさを抱える子どもたちの居場所を」と、「たまり場」ができて11年目。平日の夕方になると、小、中学生がふらっとやってきて、年齢に関係なく同じ時間を過ごしていく。夜には勉強を教わりにくる中高生や仕事帰りの青年もやってくる。

週末には近くの公園で、「たごっこパーク」という「子どもの冒険遊び場」が開かれる。参加費は無料。自然に集まってきた子どもたちが好きなように遊ぶ。木登りをする子、工具を使って廃材工作をする子、たき火の周りで遊ぶ子、そして4メートルある土手から川に飛び込む子たち。たごっこパークの看板には、大人向けにこう書いてある。「木に登らせてあげる。けがをしないように。火をつけてあげる。やけどしない

渡部達也・美樹夫妻。おもしろ荘のフリースペースにて

ように。（でも）それは失敗しないことと引き換えに『できたっ！』の瞬間を奪うこと。それは遊びの最高におもしろい瞬間を取り上げしまうこと」。

「子どもたちがありのままでいられる場所があることが一番。ちょっとぐらいケガをしても、生き生きと遊ぶ姿を見守り続けることが大事。自分の居場所がなくなって心が折れるより、骨が折れるほうがましだから」と達也さんはいう。

「ゆめ・まち・ねっと」を始める前は静岡県庁の職員だった。児童相談所のケースワーカーや子ども向けの大規模な県立公園の設立など、16年間、勤務した。やりがいは感じていた。しかし法律や条令、制度の枠内でしか仕事ができないことへのもどかしさも感じていた。「児童相談所で子どもたちの話を聞いても、それぞれ事情も違うし、悩みや感じている痛みも違う。しかし行政では小さな要望に応えることはできない。一人ひとりと話せる時間は限られているし、やれることも少ない。県立公園でも入園料や運営時間などが決まっている。その条件の中で出会える子どもたちは限られている」

03年、男子中学生が幼児を立体駐車場から突き落とし殺害。04年には、小学生の女児が同級生をカッターナイフで殺害。虐待件数は右肩上がりで増え続けていた。20歳から39歳の各年代の死因第一位はいずれも自殺。社会的な課題の解決はもはや「官」のサービスだけではできなくなっていた。

同時にＮＰＯという市民活動の力が注目され始めていた。先駆性、創造性、機動性、柔軟性――ＮＰＯの長所として並べられている言葉に魅力を感じた。行政ではやりたくてもできなかったことだった。少数の声や要望に誰かが寄り添って、手を差し伸べないと……。そんな思いからのスタートだった。

最初に立ち上げたのが「たごっこパーク」だ。都市公園を借りて遊び場を開いた。一年間学校に行っていないという小学生の少女が遊びに来るようになった。初めは眺めているだけだったが、次第に自分で挑戦する遊びへと活動範囲を拡げていった。「ここへ来させてもらえるようになって明るくなったんですよ」と母親から聞いた。たき火をして「やけどをしちゃった」と伝えてきた彼女の顔はどこか誇らしげに見えた。中学で不登校がちになった少年は、達也さんが一緒にたき火にあたりながら話をじっと聞いていると、学校への不満を話し始めた。自殺という言葉も口にした。けれども少年は準備や片付け等の作業もよく手伝い、小学生の遊び相手としても人気者。「人の役に立ちたいんだ」

達也さんはいう。「家庭や学校では、悪いところや苦手なところを指摘されることが多いから、それで自信や自己肯定感をなくし、孤立してしまう。そんな子どもたちの良いところ、得意なところを見つけて、持ち味に光を当ててあげたい」

病院や重度の心身障害児の施設などで看護師として働いていた美樹さんは、達也さんと同じような想いをもっていた。だから達也さんが役所を辞めてＮＰＯを始めることについては、「これから二人でおもしろいことができると、嬉しかった」と言う。
「原点はマザー・テレサ」という美樹さん。大きな病院で働いたこともある。古い体質の杓子定規な仕事は肌に合わなかった。その後、勤めた重度の心身障害児たちが生活する施設で多くの子どもたちに出会った。「古いマニュアルで動く大きな組織では自分らしさは出せない。『ほっとけないね、この子』という子どもたち一人ひとりと対話をしたいと思った」。達也さんも美樹さんも、経済的にも安定した県庁職員から、活動資金の確保も見えないＮＰＯに足場を移すことに不安はなかった。「楽ではないかもしれないが、一人ひとりの育ちを見守り続けられるし、子どもたちと一緒に夢を見ることができる。それが僕らの生きがいになる」。小さなまちの「おっちゃん」「おばちゃん」として、子どもたちに寄り添って生きる道を選んだ。

共感し合う夫婦だからこそ見せられる姿もある。子どもたちの中には、喧嘩が絶えない両親や、片親の子も少なくない。「たっちゃんはみっきぃのこと好き？」などとよく聞かれる。寝食を共にするケースでは、「家族ってこんなに話をするんだね」と言われたりする。自分の家庭しか知らない子にとって、仲が良い夫婦や賑やかな家庭というのは不思議な存在なのだ。新しい家族を築いていこうとするとき、たっちゃんとみっきぃのような夫婦をふと思い浮かべてくれたらいい。

たごっこパークから、おもしろ荘、中高生の学習の場「寺子屋」、大人向けの「子育て勉強会ワンコインゼミ」と、活動の種類も増えてきた。15年3月には「こども食堂」を始めた。「出会うべき子どもに出会いたい」と月に数度、無料で夕食を提供する。作り手は10代の中卒のフリーターやシングルマザーなど。「この子たちとも繋がり続けたいから」。また、同3月、おもしろ荘の近くに民家を借り、「子ども若者シェアハウスむすびめ」と名付けた。社会的養護が必要と言われる少女2人と共に暮らす。

子ども若者シェアハウスむすびめにて会員や同居娘と

臨機応変な活動をするために、足枷となる助成金などの申請を減らしてきた。経済基盤は設立当初よりも不安定だが、「お米は活動を始めてこの10年、2回しか買ったことがないのが自慢」と達也さんは笑う。たごっこパークもおもしろ荘も利用料は無料。「活動に共感する人たちがお米や寄付で支えてくれている」。

たごっこパークには寄付金箱を置いている。ある日、遊びにきている子どもがお金を入れてくれた。達也さんが、「嬉しいけど、子どもはいいんだよ」というと、「僕にとってここは大切な場所。ずっと続いてほしいから」。この小学生は親が離婚し、家に自分の居場所を感じられなくなっていた。

子どもたちの「居場所」をいつまで確保できるのか。

「NPOをずっと続けようとか、組織の持続可能性だとかは考えていない。ただ、『志』を引き継いでくれる誰かがいたら嬉しいなと思う」と達也さんは話す。

「もしいま二人とも死んでも、『ここ育ち』の子どもたちが大人になって、たっちゃん・みっきぃが提供していたような居場所作りをやってみようとか、全国各地での講演会で出会う人たちがそれぞれの地域で、生きづらさを抱える子どもたちを気遣い、寄り添い続ける大人になろうと思ってくれたらいいな」

夫婦の長女、渡部清花さんはバングラデシュのチッタゴンという地で生活しながら、「ちぇれめいえプロジェクト」という、貧しくて学校に行けない子どもたちを支援する基金を募る活動をしている。志は確実に受け継がれている。

パーソナルプロフィール

達也１９６５年生まれ／美樹１９６３年生まれ

活動開始年齢――達也38歳／美樹41歳

元職業――達也・公務員（静岡県庁職員）／美樹・看護師（活動前直近は静岡県裾野市社会福祉協議会）

目指す社会の姿――喜びを分かち合える社会

支えになった書籍――田中康雄著『支援から共生への道―発達障害の臨床から日常の連携へ』

応援している新市民――Ｃｏｌａｂｏの仁藤夢乃さん、稲葉隆久くん、ちゃどかんの前野学美さん、Homedoorの川口加奈さん、松本浩美さん、小林大吾くん、てつなぐの片山健太くん・薫子さん、ちぇれめいえプロジェクトの渡部清花さん

2　国際ＮＧＯで四半世紀

日本国際ボランティアセンター（ＪＶＣ）清水俊弘さん

南アルプスの山々が大パノラマに見渡せる山梨県の穴山という小さな町に「おちゃのじかん」という夫婦で営む小さなカフェがある。手作りの木製ベンチで自然にも身体にも優しい食材を使ったランチやパン、珈琲とこだわりが感じられる品々だ。

カフェのマスター、清水俊弘さんは、12年まで25年間、国際ＮＧＯ（非政府組織）の先駆けでもある日本国際ボランティアセンター（ＪＶＣ）の職員として世界中の難民キャンプや紛争地の支援に奮闘した人だ。ＪＶＣを退いたいまもカフェのマスターというだけでなく、地域の子どもたちを対象に寺子屋を開き、ＪＶＣで経験したカンボジアやアフガニスタンの現場の話をしたり、大人向けに国際ＮＧＯの理解を深めるセミナーを開いたりと、国際ＮＧＯの顔も持ち続けている。地域活性イベントも定期的に開催していて活動範囲が幅広い。

「地域を元気にすることがいろいろなことの改善につながる基礎になると思う。これからは穴山という過疎地からThink Global Act Localな生活を送っていく」。清水さんの次なるＮＧＯ人生が始まっていた。

清水俊弘さん。「おちゃのじかん」の入り口で

国際ＮＧＯの人として、寺子屋だけでなく複数の大学で講師を務め現場での経験を伝える役割も担う。若い人たちにとって生のＮＧＯの話を聞く機会はまだ少ない現状にあるので貴重な知る機会・学ぶ機会となっているようだ。だが、葛藤もある。関心をもつ学生は増えてきているが、現実的に清水さんのように進路としてＮＧＯに進む学生は少ない。

「関心を持った人が深く関わっていける受け皿となれる、組織としてしっかりしたＮＧＯがもっと必要だ」という。清水さんにとってはそれがＪＶＣだった。

ＮＧＯという言葉にもあまり馴染みのない80年頃、清水さんは埼玉の大学で体育会ハンドボール部の練習に明け暮れ、埼玉からほとんど出ないドメスティックな生活を送っていた。部活も引退の時期で大学生活も終盤にさしかかった頃、ニュースでふと目にしたアフリカの飢餓難民が頭に残った。同じ時期に新聞で「ＪＶＣがアフリカ援助」という記事を偶然見つけ、ハッとした。

「現場でこういう活動をしている人がいるのか！」。社会に出てどうするのか考えている時期だったこともあり、何かやらせてほしいとすぐに電話をした。ＪＶＣでのボランティアに没頭するうちに卒業が迫っていた。

「深刻な問題は世界中にあるんだ！　現場で直接関わりたい、いつかＪＶＣで働き現場へ行きたい」。そんな思いが強くなっていた。一方、卒業間近だったこともあり、まずは教員として数年働く道に進んだ。その間にもＪＶＣでのボランティアは続け、当時の事務局長にもそんな思いは伝えていた。

87年、24歳のとき念願かないＪＶＣのスタッフとなることができた。最初の赴任先はカンボジア内戦の難民であふれるタイ国境付近の「カオイダン難民キャンプ」だ。プロジェクト調整員としての仕事だった。５万人を越える難民があふれかえっている中、日々世界中から送られてくる物資・資金・ボランティアでごったがえす難民キャンプにはそれらを束ねられるコーディネーターが必要だった。

当時世界中の人々が注目していた難民キャンプは「援助のショーウィンドウ」とまで言われ、生活が良くなるから難民になりたいという人が増え、援助すればするほど難民が増える、という事態のなか、援助そのもののあり方が現場では問われていた。

「現地に行ってわかったのは、現地の人たちがそこに必要な技術・知識・やり方はすべて知っているということ。外から入る僕らＮＧＯにできるのは必要なモノ・カネを確保し、プログラムを作っていく上で必要なことを調整すること。あとは自然に彼らで動かせる」と、押しつけの援助ではなく現地の人のニーズにあった活動を清水さんたちは行っていった。職業訓練の学校を作ったときも、学校という枠と予算は確保したが、実際の授業では現地人の技術者を見つけ彼らを教員とした。

「ＮＧＯにとって大切なことは、当事者である現地の人たちの生の声を一次情報として拾い、それをいかに代弁者として伝えられるかだ。政府には言わないことも市民の立場にいるからこそ、打ち明けてくれることがある」という。政府の人たちはどっぷりと現地の人の生活に入っていくことはできない。

「現地の人とのコミュニケーションで一番いいのは、言葉を覚えること。言葉がわかると人間関係も見えてくるし、彼らからの信頼も得られる」。信頼関係が生まれるだけでなく、活動するなかでのセキュリティの面でも効果的だ。

　国際援助において政府にはできず、ＮＧＯだからこそできる役割は現地の人たちの中に入りつなぎ直す〝横〟の動き。そして政府・国際機関などの援助を調整し、まとめていく〝縦〟の動き。政府レベルとの交渉にはＮＧＯ同士の結束が必要不可欠だ。そのため清水さんはＮＧＯのネットワーク形成にも力を注いだ。カンボジアでは現地や世界中のＮＧＯが集まったＣＣＣ（Cooperation Committee for Cambodia）というネットワーク組織が生まれ、副議長も務めた。ＣＣＣを通してＮＧＯの意見を集約し政府に提言したり、「ウォッチドッグ」的に政府のやることを監視したりもする。

　あるとき、日本政府が国内で売れなくなった期限切れ・使用禁止の農薬をＯＤＡ（政府開発援助）としてカンボジアに配布しようとしたことがある。その情報を入手したＮＧＯたちが声を上げ、大きな問題となって白紙に戻したこともある。

「日本では国内に向いている省庁は日本人の目にさらされるが、何をしているか見えづらいＯＤＡのようなものはあまりチェックされない。だからこそＮＧＯたちがしっかりと監視して正しい方向に向かうような提言をしていかなくてはならない」

2002年アフガニスタンにてJVCの活動中

清水さんは副議長としてＣＣＣで活躍していたが、当時は政策提言などを積極的に行う日本のＮＧＯはほとんどなかった。だが日本はトップドナーだったので、日本のＮＧＯの存在は重要で、ＣＣＣの各ワーキンググループのほとんどに清水さんは顔を出していた。こうした経験がその後の清水さんのＮＧＯ人生に活かされていくのだった。

87年に難民キャンプから始まったＮＧＯ人生は、東京本部勤務を経た後カンボジア事務所代表となり、その後も東チモールや01年の9・11以後はアフガニスタン緊急対応も経験した。国内では阪神・淡路大震災後に発案されたＮＰＯ法の成立にかかわったり、97年には発起人の一人として地雷廃絶日本キャンペーン（ＪＣＢＬ）を立ち上げ、地雷禁止国際キャンペーン（ＩＣＢＬ）の一員として対人地雷全面禁止条約の成立にかかわったりと、常に国内外の変化の渦の中にいた。そして02年からは10年間ＪＶＣの事務局長を務め、12年に退職した（現在は理事）。

「課題があるからこそ生まれるＮＧＯの仕事は、本当はないほうがいいのだけれど、ドラマティックな時期に歴史を感じる仕事ができたと思う」。一つのＮＧＯで25年間続けた清水さんのモチベーションを支えたのは、現場の中で「世界中に深刻な問題があるんだ」ということを常に肌で感じていたこと。その思いで目の前にある自分の役割に真摯に取り組んできた。

「カンボジアのこともアフガニスタンのことも、日本にとって他人事《ひとごと》ではない。直接・間接的にかかわっている問題だ。だから誰かが直接行って見聞きする必要がある。ある意味メディアのような役割だけど、ＮＧＯはもう少し現地にじっくりかかわるからより深く伝えられる立場でもある」

ＪＶＣを退いた今も、穴山の子どもたちや未来を担う学生たちに伝える役割に取り組んでいる。「今の若い人には、もっと奔放にやってほしい、そして貪欲に現場に行ってほしい」。25年続けたＪＶＣを「キリがよかったから」とさらりとやめ、新たなる現場へ進む清水さんらしい言葉だ。

パーソナルプロフィール

１９６２年生まれ
活動開始年齢――24歳
元職業――教員
目指す社会の姿――誰もが穏やかな気持ちで明日を迎えることができる社会
応援している新市民――問題意識をもって前向きに取り組んでいる人すべてを応援したいと思います。

3　語り合い、癒す、幸せのカフェ

カフェフェリシダージ実行委員会　Ｓａｔｏｋｏさん

東京都内の静かな住宅街。グランドピアノとギター2本が置かれた小さなライブハウスのような部屋が、シンガー・ソングライターＳａｔｏｋｏ（古賀聡子）さんの仕事場だ。ここで作った曲を、主宰する移動式コンサートカフェ空間「カフェフェリシダージ」で披露する。「音楽に包まれ、心をほぐし、人々とゆったり語り合う癒しの場」がコンセプトだ。会場には、がんなどの病気や障害を持つ人たちが訪れる。活動のきっかけは、Ｓａｔｏｋｏさん自身の病気を乗り越えた経験だった。

東京に拠点を置きながら、全国各地でミニライブを開く。とりわけよく行くのは沖縄の離島、宮古島だ。シンガー・ソングライターとして最初にできた曲が「宮古の風」だった。

友人に連れられて初めて宮古島を訪れたのは05年、10年間続けたピアノ講師の仕事をやめて、ギター1本、シンガー・ソングライターとして第2の人生を歩み始めたときだった。幸運にもリゾートホテルと仕事の契約もとれた。島に魅了され、「また来よう、ここで歌おう！」と、意気揚々と東京に帰宅した。

その矢先だった。白血病と子宮頸がんを告げられた。35歳のときだ。思い描いていた人生を歩めなくなる、宮古島への再訪もできなくなる、なにもかもあきらめなければならない。そんな絶望感、真っ暗闇にいるような感覚の中、Ｓａｔｏｋｏさんに降りてきた曲が「宮古の風」だった。

「ずっと音楽をやってきたけど、ぽろっとうみが出たような曲だった。あっ、自分の歌だ、と思った」

シンガー・ソングライターＳａｔｏｋｏといえば宮古の風、と今は言われる。宮古の人も好きと言ってくれる。今でこそ、そういった声は喜びとなったが、その最中は絶望の中のかすかな光でしかなかった。

「あぁ、この一曲で自分の人生を終わらせなければいけない。これが最後の歌なんだ」と自宅の部屋で泣きながら何百回も歌った。そして、こんな境地にたどり着いた。

「もしかしたら死んでしまうかもしれない状況の中で、唯一この一曲で自分が生きた証を残せるとしたら美しいかな」

　闘病の日々が始まったが、その間も音楽活動はやめなかった。病気を告知された直後の大阪でのライブで

Satokoさん、自宅のなかの仕事場で

は、宮古の風を歌っていると涙が止まらなくなって、最後まで歌えなかった。それでもお客さんには気持ちが届いていた。「がんばれ！　わたしもがんばる」。演奏が終わった後に、泣きながら握手を求めてくれる人もいた。

「音楽は人を励ますだけではない。ライブに来てくれた大勢の方々に私が励まされた」

数年後、白血病の寛解（病気の症状が一時的に軽くなったり，消えたりした状態）に達し、11年には休薬状態になるという奇跡的な回復を遂げた。

「この大病を乗り越えられたのは、音楽があったから。自分のこの体験を活かしていけるかなって考えた。自分の曲もある。がんなどの病気や障害を持つ方々、周りの方々を支えるような、そんなプロジェクトを始めたい」

13年4月、全国どこへでも出かけていく移動式コンサートカフェ空間「カフェフェリシダージ」を始めた。同じような病気の人を音楽で勇気づける活動だ。自分が音楽によって救われたから。彼女に共感する音楽プロデューサーやＮＰＯ法人がんと暮らしを考える会の理事などが「カフェフェリシダージ実行委員会」として活動をサポートする。

「病気を抱えている人は孤独感に陥りがち。本音で素直に話せる相手もなく、ひとり悩んでいる人がどこにでも大勢いる。話したいけれども、『どう思われるか？』ってことに意識がいってしまうから」

カフェフェリシダージは、音楽を聞いて終わりではない。その場の全てを含めて癒しにつながる空間づくりをしている。名前の由来、「フェリシダージ」とは、ポルトガル語で「幸せ」という意味があり、「カフ

カフェフェリシダージコンサート＠東京・練馬「キャンディケイト」

ェ」には茶の湯の精神をこめている。茶の湯の心とは、来てくれた人が「ここで出会う」という奇跡、そしてその一人ひとりの相手をもてなし、心を温め、落ち着かせてあげる、そんな精神だ。
レストラン、カフェ、病院、公共施設、ホール、寺院など、場所を問わずミニライブをする。演奏後はみんなでお茶を飲みながらゆったり語り合う時間だ。自分や周りの人ががんを経験していても、ありのままの自分を素直に語り、分かち合う。お互いに励まし合える。目指したのはそんな空間だ。

やはりがんを経験した人が「私も……」と言葉をつなぎ、食事のアドバイスや発病後の家族との関係など、普段話せない話題が行き交う。その場に居合わせた人たちがそれぞれ語り始める。病気で頭髪が抜けたためいつも帽子をかぶっている人が「実は私も……」と言って帽子を取る。みんなの言葉に気持ちが前向きになり、「もっとおしゃれしようって思えてきた」と微笑む。病気になってふたをしていた心が、Ｓａｔｏ ｋｏさんの音楽と空間によって徐々に開かれていく。

「その人の生きる意欲に火をつけたら、後は自動的に動き出す。大本にある生きる源に音楽という形でアクセスしていると思っている。一人ひとりの生きる意欲を開花させることが、一番私が目指していること」

癒しだけではなく、春の芽吹きのように、心が開き、その人の行動までをも変えてしまう。

「音楽ってシンプル。言葉じゃない。聴いて、感じる。人間ってかしこいから頭でいろいろ考えてしまう。でも音楽は即アクション。気づくということすら越える。好き、ありがとう、だいじょうぶ、がんばろう、それだけ」

今では、宮古島や東京を中心に年間10回くらい開く。カフェフェリシダージを始めたことで、多くの人と出会った。病気の人が多いから亡くなる人もいる。

「ひとつひとつ思い出していくと大変。なんでこうなったんだろうって、泣きます。この活動をしている覚悟が試されているなって。それでもそうできる自分が幸せだとも思う」

ホスピスで亡くなる直前の人の前で歌わせてもらうこともある。

「悲しいし涙がでる。でも人の一生のエンディングに立ち会えるってありがたいと感じる。枕元でありがとう、って言ってくれて、家族の方も喜んでくれたときに、大事な仕事をしているなって、自分がまた強くなれる」

カフェフェリシダージは、みんなでお茶を飲みながらゆったり語り合うスタイルのため、どうしても少人数での開催になる。実行委員会形式でＳａｔｏｋｏさんに共感する人たちの協力を得ながら、一人ひとりを大切に、こぢんまりと開催する。

それでも、Ｓａｔｏｋｏさんの夢は大きい。まずは地球の裏側にある大好きな国ブラジルで、カフェフェリシダージをやること。さらに、世界中で音楽を奏でたいともいう。病気やいろいろな理由で悩む人がいるのは日本だけではない。カフェフェリシダージのような場を必要としている人は、世界中にたくさんいるはずだからだ。

「わたしの音楽を聞いて、元気になってもらえたらいい。それだけ」

最後の曲と思って作った「宮古の風」とともに、シンガー・ソングライターＳａｔｏｋｏの音楽が、いつか世界中の人を明るく元気にしていく日がくるに違いない。

パーソナルプロフィール

１９７０年生まれ
活動開始年齢――42歳
元職業――ピアノ講師
目指す社会の姿――どんな人も感情、特に怒りを適切にコントロールできるような、コミュニケーション能力の高い成熟した大人の社会
支えになった言葉――ジュリア・キャメロン「ずっとやりたかったことを、やりなさい」
応援している新市民――苦しみや痛みを乗り越えて、前向きに過ごそうと生き生きと頑張る人

4 ＮＰＯを支えるＮＰＯ

せんだい・みやぎＮＰＯセンター 加藤哲夫さんの遺志を継ぐ

98年に誕生したＮＰＯ法（特定非営利活動推進法）に基づいて設立されたＮＰＯ法人（特定非営利活動法人）の数は、15年3月末時点で約5万になった。さまざまな社会課題を解決しようと、ＮＰＯ法人を設立し、運営することは、もはや当たり前になったと言える。

しかし、法人を作り、しっかり活動していくことは、決して簡単なことではない。設立時には行政との間でさまざまな手続きが必要になるのを皮切りに、メンバー間の役割分担など具体的な組織づくりや日々の業務遂行、優遇税制の活用を含む税務対策など、さまざまな難題が待ち受ける。

そんな実務上の課題について助言しつつ、ＮＰＯ法人を舞台とする市民活動の基盤整備や機運の盛り上げ、さらには個別テーマに関する政策提言などを担うＮＰＯ法人がある。いわば「ＮＰＯのためのＮＰＯ」で、中間支援組織と呼ばれる。各都道府県の県庁所在地には少なくとも一つは中間支援組織があり、「〇〇センター」と名乗っていることが多い。

宮城県仙台市を中心に活動している「せんだい・みやぎＮＰＯセンター」は、東北地方を代表する中間支援組織の一つだ。

センターで「社会的起業」の促進を担当している佐々木秀之さん(40)は、その役回りのかたわら、もう一つ、大切な仕事の責任者を務めている。センターの創設者、故加藤哲夫さんが残した資料を整理し、それをNPO支援に役立てていこうという「K‐PROJECT」だ。

せんだい・みやぎNPOセンターの加藤哲夫さん

東北地方に限らず、90年代から今世紀にかけて市民活動に取り組んだ世代にとっては、加藤さんを知らない人のほうが少数派かもしれない。NPO法の誕生前からの有力な市民活動リーダーの一人だった。

加藤さんは49年、福島県生まれ。宝石や貴金属の卸業、出版社の運営などを経て、次第に環境保護やエネルギー、食と農の問題、平和運動、薬害エイズ問題など、さまざまな市民活動にかかわった。

94年に「せんだいNPO研究会」を立ち上げ、97年にはNPO支援を目的に「せんだい・みやぎNPOセンター」を設立した。NPO法が施行された翌年の99年には、センター自体が同法に基づく法人格を取得し、加藤さんが代表理事を務めた。

全国各地を飛び回って続けた講演会やワークショップでは、NPOが行政などと対等の立場で協力し、社会課題の解決を目指す「協働」を強調した。その延長線上で、企業経営的な視点や手法を大切にすることで事業の継続を目指す「コミュニティービジネス」の拡大に力を注いだ。

その歩みは、95年の阪神・淡路大震災をきっかけに発展したわが国の市民活動の歴史と重なる。11年に東日本大震災が発生したころには、加藤さんは既に不治の病に侵されていたが、2度の大震災をバネに市民活動が飛躍を遂げるための基礎づくりに尽力したと言える。

震災から5ヵ月後の11年8月末、61歳で死去。加藤さんが残したおびただしい数の資料は、震災後の混乱もあって手付かずだったが、12年秋にせんだい・みやぎNPOセンターのスタッフに加わった佐々木さんが主な資料をデジタルアーカイブとして残すことを発案した。

まずは、センターの同僚やボランティアの力も借りて資料を分類・整理。構想を練り、14年には日本財団の助成を得て具体的な取り組みがスタートした。15年3月に仙台市で開かれた国連世界防災会議では、その関連行事として、加藤さんの足跡をパネルで振り返る展示会を催した。

K－PROJECTに関するウェブサイト「K－MUSEUM」(http://www.minmin.org/kto/)では、1千点を超える資料を「NPO」「CB(コミュニティービジネス)・SB(ソーシャルビジネス)・まちづくり」「講演記録」「政策提言」「団体運営」「関係構築」の6分野に分けて収載。市民活動を学び、実践したい人が使いやすいようにと考えてのことだ。

プロジェクトは、アーカイブ作りだけでなく、その活用を掲げる。14年夏から仙台市内で、加藤さんの著作も使っての勉強会を有志が続けている。K－PROJECTの紹介を兼ねた勉強会を、全国数ヵ所で開く計画もある。

佐々木さんはアーカイブ作りと並行して取り組んだ冊子作りの際、東京電力福島第一原発の事故に直撃された福島県浪江町の復興計画づくりにかかわった二人の自治体職員の話を聞いた。放射能に汚染されたふるさとを巡り、町民が「戻る」「戻らない」に二分されるなかで苦闘してきた担当者だ。

二人のうち、年長の40歳代の福島県庁職員は、加藤さんが生前に催したワークショップや講演会にたびたび参加していた。「手探りのまま住民にアンケートをとり、住民会合を重ねた取り組みこそが、加藤さんが強調していた『協働』だった」と話したという。

東日本大震災から４年がたち、復興支援もひと区切りという雰囲気が広がらないか。佐々木さんは言う。「大震災の教訓が風化するのを防ぎ、震災で新たなステージへと進んだ市民活動を今後どう発展させていくか。そのために、加藤さんの遺産をどう活用していくか」。それは、加藤さんから私たちへの問いかけでもある。

第二部　ＮＰＯとともに生きて

1　自分たちで社会を動かし、作る「公共」

哲学者・元立教大学教授　内山節さん

群馬県上野村で農業をしながら東京を往き来する生活を70年代から続けている。「労働過程論ノート」、「自然と人間の哲学」など著者多数。ＮＰＯ法人「森づくりフォーラム」代表理事。１９５０年生まれ。

ＮＰＯ的コミュニティーの活動は、自分たちで「公共の世界」を作っていくという転換だ。

これまでは社会の仕組み作りや政策の決定権は、行政の手にあった。それが不満だったら、抗議行動やデモをすることしか我々には手段がなかった。そういうやり方に変えて、市民がいわば与えられるのでなく、自分たちで社会の中で動きを作り、活動の世界を作り出しながら、社会の仕組みや政策作りにもかかわっていくということだ。

活動が拡がってきた節目は、阪神・淡路大震災やさらに東日本大震災など、いくつかあるが、この間にＮＰＯの数や参加者が増えただけでなく、組織形態や活動の仕方、資金の調達方法も多様化してきた。組織形態でいえば、ＮＰＯのほかにも、一般社団法人や社会的企業などのソーシャルビジネス、中には最初から株式会社を作るなど、多様化している。行政や企業のＣＳＲと連携する活動も当たり前になってきた。

小規模で身近な問題に取り組むＮＰＯはもちろん大事だが、規模が大きくなれば、独自の事務所も専従の職員も要る。活動が拡がるほど、経営的なことも含めてマネージメント能力が必要になってくる。非営利だから、利益の最大化は追わないのは当然として、一方でやりたい活動を持続させるためには、何人かのスタッフが生計をたてながら、社会的なミッションを実行できるような安定した財政基盤も必要だ。思い入れだけではだめで、実務能力がないといけない。ＮＰＯなりのビジネスモデルを作らざるを得ない。組織形態や機能の多様化は自然の流れだ。

その意味では、株式会社との境界線は低くなっているし、持続的な活動のためには、運営基盤も大事で、企業の資金協力を得たり行政の助成金を受けたりということもある。指導者やスタッフの世代交代も必要だ。だがそれで自分たちの社会的ミッションが劣化することになっていないか。活発な活動をしている、活動を拡げようとするＮＰＯがみんな悩んでいる部分だ。時代の変化と自分たちの社会的ミッションの関係については絶えざる問い直しが重要だが、変化を取り込みながら、絶えず、外に開いた形で活動しているＮＰＯほど、若い人には魅力的に映っている。従っていわゆる第１世代から第２世代への交代がうまくいっている。

特に最近は、通常の仕事の世界、雇用が劣悪化していることも若者がＮＰＯ的コミュニティーに参加するようになった要因だ。働く人の４割弱が非正規雇用だし、正社員でもブラック企業に象徴されるように低賃金で過酷な働き方を強いられている。ＮＰＯでの収入もそう多くはないかもしれないが、同じ賃金でも働く意義が感じられる。自分の働き方をみつけながら、社会に提案していくということに魅力を感じるのだろう。儲けることが第一、そのためには賃金をもっと削ってと、資本主義経済があまりに横暴に振る舞うようになって、人々の間で、違う働き方や価値を大事にして、みんなで協働、連帯する経済を作らなければという気持ちが強くなっていることもある。

例えば、「ＷＩＳＥ　ＷＩＳＥ」という会社は、以前は中国で現地の安い木材や労働力を利用して家具を作り、日本で低価格で売っていた。しかし安売り競争では際限がないと、発想を変えて、国内産の木材を使い地元の森林組合や職人と連携して、森林の再生にも役立つやり方にした。そうしたら、海外の人を低賃金労働で働かせない、違法な伐採輸入材は使わないという社会的ミッションに共感する人が、値段は少し高くても買ってくれるようになった。活動の共感者や支持者、協力者が同時に消費者になる。途上国の産品を公正な価格で購入する「フェアトレード」などもそうだが、その活動のミッション自体の「価値」が加わるわけだ。

日本人は「公意識」が希薄だといわれるが、家族や会社という共同体があったし、都市でも以前は長屋のように、自主的に支え合うコミュニティーをもっていた。だから「公」の世界に距離をおけた面がある。戦後は、戦前に国によって、上から無理やり国家と公意識を一本化させられたことへの反動から、生きる世界の公意識までが希薄になった。経済の高成長があって、多くの人がそこそこの所得を得て蓄えもできたから、ある程度は「自助」で生きていくこともできた。

だが今の時代はかつてのような経済成長を追い求めるのは難しいし、みんなの所得が増えるということも見込めない。「自助」のためにも、共に助け合って、それで自分自身も助けられるということで生きていくしかない。かつての家族や会社などの根っこのところの共同体が崩れ、共同体意識自体が希薄になっているから、支え合うための何らかの協働の仕組みを作り直さないといけない。

それは地域のコミュニティーだけというより、テーマや課題ごとに違う人たちが協働する場、いわば共同体を作るということになると思う。自分自身も「森づくりフォーラム」という全国の森林ボランティアのネットワーク団体の代表をしているほかに、10ぐらいのＮＰＯにかかわっているが、これも自然にそうなった。小さな共同体が集積して、大きな共同体社会ができているようなシステムだ。自ずと、従来の中央集権型の国家とも違う。「国のかたち」も変わるが、ＮＰＯ的コミュニティーはその中核になり得るし、なっていくと思う。

2　政治や経済の「質」を変える主役

民主党政調会長代理・NPO議員連盟幹事長　辻元清美さん

学生時代ににNGO「ピースボート」を創設。アジア諸国などとの民間外交を進める。1996年、衆議院議員に当選、6期目。NPO法作りなどに取り組み、東日本大震災の時は災害ボランティア担当の首相補佐官。1960年生まれ。

政治とNPOの関係は民主党政権のときに劇的に変わった。「新しい公共」ということを鳩山政権が打ち出し、民主党ではNPOなどを政治のパートナーと位置付けた。現場のことを知るNPOの人たちに、政策作りの場に参加してもらった。「政治とNPOの相互乗り入れ」といってもいい。貧困者支援活動をしてきた湯浅誠さんが内閣府の参与になったのが典型だが、ほかにも自殺対策や障害者支援、地域活性化、地球温暖化対策などの政府の会議にNPOの人が入り、効果をあげた。

私自身、80年代初めから国際交流のNPOで活動してきた。東日本大震災のときは、災害ボランティア担当の首相補佐官に。NPOを連携相手にする首相補佐官ポストが作られたのも初めてだったが、首相官邸で会議をすると、各省大臣や副大臣と一緒に昔から知っているＮＰＯの人たちがいて、対等の立場で議論をしている。その様子をみて、「時代が変わった」ことを実感した。

霞が関の官僚も当初は距離をおいていたが、復興支援の人手にしても、炊き出しの道具にしても全然足りない。一方でボランティア活動に参加する人はどんどん増えていった。そのうち、ボランティアにこの活動をやってもらえないかと、頼り始めた。震災の現場では日々、「戦場」のような状況だったから、よりＮＰＯの存在感は強かった。宮城県では早い段階から政府と県と自衛隊、ＮＰＯが連絡会議を作り連携していた。震災から10日後ぐらいには、自衛隊から炊き出しをＮＰＯに頼みたいという声がでた。水やおにぎり、毛布は配れるが、暖かいものがないと被災した人たちはもたない。炊き出しのような地域ごとに行うきめ細かい支援はＮＰＯが力を発揮した。ＮＰＯはこうした活動、実践を通じて問題解決能力をつけてきた。

古い自民党政治の時代は政策作りは官僚に丸投げした。ＮＰＯは「うるさい存在」で、批判をするだけだと。自治体でも安く使える行政の「下請け」という感じで使っていたから、ＮＰＯは政策決定の場には入れなかった。結局、ＮＰＯを信頼しているかどうかで違うわけだが、実際、ＮＰＯのほうが官僚よりも現場の情報、ネットワークを持っている。それに実践的な問題解決の力もある。官僚は役所の異動で担当者は次々、変わるが、ＮＰＯの人たちはライフワークとしてやっているから、差は歴然だ。福祉にしても、国や自治体でやる場合には、どうしても平等性や公平性が求められる。できるだけ多くの人に同じサービスをとなれば、サービスの総量を抑えることになるし、多様なニーズがあるのに画一的な支援やサービスしかできない限界がある。阪神・淡路大震災などを契機にしたＮＰＯ法や寄付税制の整備など、政策の後押しも重要な要素だったが、ＮＰＯ自体が多様な実践を通じて成長してきた。

政策作りへのＮＰＯの参加などを私は「権力の市民化」といっている。権力を市民とともに使う政治だ。政治の「質」を変える挑戦だと思っている。ＮＰＯと積極的に連携しようという政治家も、かつては自民党にしても加藤紘一さんなど一部の議員だけだったが、いまは超党派で活動するようになってきている。

もちろんＮＰＯ自体も課題がまだある。持続的に活動できる基盤である資金力や、さまざまな活動や団体をつなぐコーディネーターになれるような人材育成も必要だ。資金力ということでは、補助金頼みではだめ。社会全体でも、人々が、社会の問題解決に取り組んでいるＮＰＯなどに寄付をする文化も作っていかないといけない。持続的な活動のためには、自らの事業で安定的な財政基盤をもつことが大事だ。その意味ではＮＰＯ法改正で事業型のＮＰＯ、つまり社会や地域の問題解決を事業としてやろうというソーシャルビジネスやコミュニティービジネスが生まれてきたのは、新しい経済社会に変えていく可能性を感じている。地域でさまざまな団体が連携しながら地域の問題を解決するいわゆる「共生経済」「連帯経済」の担い手として、いわば「資本主義の市民化」ということでも、ＮＰＯは大事な役割をもち始めている。

経済が成長していた時代は、「自助」、自己責任でもよかった。だが人口減少や高齢化、自然環境保護など、かつてのようには成長できないし経済成長では解決できない問題が噴出している。負担とリスクを分かち合いながら、それぞれの地域で経済をうまく回していかないといけない。競争より多様性を認め、連帯が求められる時代になった。政治や経済、社会の質を変えていく作業はまだ4合目ぐらい。まだ課題は多いが、ＮＰＯがその中核になることは間違いない。

3　海外に友達も増えたし、スポーツの力も実感

元サッカー日本代表・解説者　北澤豪さん

サッカーの日本リーグ時代の本田技研、Ｊリーグの東京ヴェルディで活躍。本田時代には得点王。ヴェルディ時代は三浦知良、ラモス選手らと黄金時代を作った。２００２年に引退後は、日本サッカー協会理事、国際協力機構（ＪＩＣＡ）のオフィシャルサポーターを務める。１９６８年生まれ。

ボランティア活動を始めたのは、まだ現役でいた01年。カンボジアで学校建設などの支援活動していたＮＧＯから日本サッカー協会に依頼があって、自分がサッカーボールを届けることになった。膝のケガのリハビリ中で長く試合にでられず、サッカーが面白くなくなっていた時期。気分転換になるかもという気持ちで行った。

そこはプノンペンから舗装もしていないでこぼこ道を車で数時間、走った村だった。

子どもたちと一緒にサッカーをしたり教えたりしたが、年齢もさまざま、地雷に触れ片足のない子も一緒になってボールを追いかける。試合ではそんな子にもおかまいなく体を当ててボールを奪ったりするのだが、

ゲームが終わると、肩を支えて歩くのを助けたりして、障害のある子とみんなが自然な形で接している。プレーがうまくいかないと、もめたりするのだが、みんなで話しあって解決策を考える。そんな姿を見て、サッカーを通じてルールを守ることや人と助け合うことが大事なことなどを教えられるのだ、と気付かされた。それまで自分は、うまくなる、技術を極めることがスポーツだと思っていたが、人を育てるのもスポーツの重要な役割だとわかった。ボランティア活動の経験で、サッカーの新たな面白みや、やりがいのようなものを教えられた。

04年からは国際協力機構（ＪＩＣＡ）のオフィシャルサポーターをしている。最初にアフリカのザンビアにいき、翌年はシリア、さらに南米やパレスチナなど、これまで延べ20以上の国や地域を訪ねた。サッカー教室をする傍ら、日本のＯＤＡ事業の現場を回り現地の人の話を聞いたりする。独立間もない東ティモールでは、インフラの整備など、新たな国作りの現場をみた。カンボジアは地雷や不発弾が住民の生活の場に残り、ポルポト派の虐殺で子どもと老人ばかりの国になっている。内戦の傷跡や急激な開発の陰の部分など、ボランティア活動を通じて、いまの世界、世の中を感じることができている。そしていろんな国に友達が増えた。途上国では日本とは事情が違う。支援するという目線では相手のことを理解できない。仲間になろうという気持ち、対等な立場でつきあうのが大事だということも、実際に現地で活動してみてわかった。

サッカーは主に足でやる競技だから失敗も多い。みんなで助け合って競技する。特に自分のポジションのミッドフィルダーの役割は大半がサポート。フォワードがシュートをうてるように、どういうタイミングでパスを出すか。うまくいかなかったときはどうカバーするか。ゲーム展開が思うようにいかないときは、パス交換をしながら局面の打開を図ったりと、派手なプレーはほんの一部。途上国支援の活動に参加して、それぞれができることをして支え合うのは現実の社会も同じだと感じた。

サッカーと同じ気持ちでボランティア活動もやっているし、社会貢献活動を早くからやっていれば、サッカーももっとうまくなっていたのではないかと思う。サポートだけでは面白くないと思っていた時期もあったから。日本の大学でもボランティア活動を必修科目にすればいい。若いうちに社会のことを実感できるし、サポートマインドを学べる。

改めて思うのはスポーツの力だ。人と協力したり助け合ったりすることが自然に身につくし、スポーツは人を集める力もある。代表選手がいけばそれだけで人が集まる。南アフリカではサッカー大会を開いて、試合後やサッカー教室をする隣で、お母さんたちに衛生指導やエイズの検診をしたりもした。スポーツが何かをする際の「入口」になるわけだ。特に教育が十分に受けられない国ではスポーツのやれることは大きい。

13年に、スポーツを通じた社会貢献活動をすすめる「スポーツプロボノ」を立ち上げたのは、日本でももっと多くのスポーツ選手が社会貢献に加わるようになればと思ったからだ。スポーツ選手と社会との一体感ということでは、外国と日本ではまだ開きがある。東日本大震災のときにもスペインリーグの選手が、ユニフォームの自分の名前を日本語表記にして試合に出場し、被災地の人々に一緒に頑張ろうとエールを送った。誰かに指示をされたわけでもなく、自然にそんなことができる。街の人たちもスポーツ選手が試合で訪れたときは、自発的に宿舎を提供したり、練習場所を整備したりしてサポートする。そんな一体感がある。日本では、選手もやりたい気持ちはあるし、社会貢献を考えている企業も多いがノウハウがない。そんなスポーツ選手や企業をつないで、一歩、踏み出せる場をと考えた。被災地でサッカー教室をすることから始めている。

それぞれが、能力でも経験でも、時間でもお金でもいい、自分の持っているものを少しだけ他の人とシェアすれば、社会全体ではいろんなことができる。自分は1年のうち2週間を社会貢献活動に使おうと決めている。3人の子どもたちにも、例えば家の前の雪かきをするときは「10軒分やろう」と声をかけてやる。近所の人に喜ばれて子どもたちも楽しそうにやっている。少しずつでもいい。それぞれが自分の人生や生活を社会のために使う。そこから笑顔や感謝が生まれれば、すばらしいことだ。

４「クールな企業」はＮＰＯと協働して社会貢献

ヤフー社会貢献本部ボランティア企画担当　松本裕也さん

ヤフーに２００９年に入社。広告の営業をした後、ネットを通じてＮＰＯへの寄付を集める「Ｙａｈｏｏ！ネット募金」や、社会貢献活動へのボランティア募集するなど、ボランティアの企画を担当。１９８５年生まれ。

インターネットでニュースやオークションなどいろいろなサービスを提供するヤフーでやっている仕事は、全国で活動するＮＰＯに代わって、ネット上で寄付（カネ）を集めたり、ボランティア（人）を募集したりすることだ。いまヤフーに登録しているＮＰＯは約２００団体。こうしたＮＰＯの人たちと、多いときには一ヵ月に10回以上会って、活動内容を聞いたり課題を話し合ったり。思わず感動する取り組みや、もっと多くの人に応援してもらいたいと思う活動がたくさんある。そんな活動の魅力、意義を広く知ってもらえるように、紹介の仕方を工夫し、世の中に伝えることが役割だ。募金ページを作るときもあれば、ボランティア特集を組むこともある。他企業の社会貢献活動とＮＰＯをつなぎ、一緒にやる

ことも。特集を見て、初めて寄付をしてみようと思ったという声も届いたりする。そんなとき、社会貢献をするきっかけを作れたと、やりがいを感じる。

ポータルサイトという会社の強みを活かした社会貢献ができることも面白い。14年に始めた「Search for 3.11 検索は応援になる」というプロジェクトもその一つだ。東日本大震災の起きた3月11日に、被災地の復興に何か役立ちたいと思う人が、「３・11」というキーワードを入れて検索すれば、検索1件につき10円が、ヤフーから、被災地の復興に取り組むＮＰＯ等に寄付されるという仕組みだ。15年にはこうして集まった約２９００万円を、６団体に寄付した。自社の代表的な検索サービスが社会を良くすることに役立つというプロジェクトだ。

こういった社会貢献活動を積極的に行う会社で仕事ができ、社内でも「ＮＰＯやボランティアのことなら松本だ」といわれるようになってきた。やってきてよかったと思っている。

大学在学中から、就職先はＮＰＯ支援などの社会貢献活動をしている企業と考えていた。大学3年生のとき、タイやネパールで1ヵ月間ずつ、子どもたちに環境教育をする国際ボランティアに参加したのが、ＮＰＯと出会った最初だ。旅行が好きで、海外で現地の人のような生活を体験してみたいと思って探していたとき、偶然見つけたのがＮＰＯ法人「ＮＩＣＥ（日本国際ワークキャンプセンター）」の国際ボランティアプログラムだった。その後も、福岡県八女市で里山の遊歩道整備をする「山村塾」で活動したり、竹林整備や村の街おこしをしたりしている各地のＮＰＯの人たちに出会った。活動はさまざまだったが、「想いを持って動けば何かが変わる」と信じて進む姿に衝撃を受けたし、感動した。

Punk is attitude. Not style. という、自分の好きなロックミュージシャン、ジョー・ストラマーの言葉がある。きれいごとばかりをいって、本当に社会のことを思っていない人たちを批判したものだが、ＮＰＯの人たちは、まさに、口だけ（style）ではなくて、実際に現場で行動し（attitude）、社会の課題を解決しようとしていた。

だが一方で、彼らの活動は世の中にほとんど知られていない。もったいないと思った。自分も以前はそうだったが、残念ながらＮＰＯに対する世間の認知度も理解度も、まだ低い。素晴らしい活動をしていても、それを社会に発信できている団体が少ないからだ。人・モノ・カネのどれもが現場での活動に優先的に使われて、情報発信までは手が回っていない。だが、寄付を集めたり、活動を拡げたりするには、活動報告や自分たちのできることを社会に伝え、訴えることが必要不可欠。これを解決したいという気持ちがいまの仕事につながっている。

企業には情報発信の力や売るためのノウハウがあり、さまざまな分野の専門家がいる。企業もＮＰＯも価値を創出し社会に役に立つという大きな概念では変わらない。企業の得意とし力が発揮できるところを生かせば、ＮＰＯと共に社会の課題解決ができると思っている。

最近は日本でも若者の間で、就職を考えるのに、社会貢献活動をしているかどうかが、企業選択のモノサシにもなり始めている。自社の利益だけを追求するだけの企業よりも、近江商人の「三方良し」。つまり「売り手よし、買い手よし、世間よし」が、改めて見直されているのかもしれない。企業にとっても社会貢献のミッションを達成する上で、ＮＰＯとの「協働」は不可欠なものになっていくと思う。企業とＮＰＯがパートナーとして組むことで、より大きな社会の課題を解決することができる。足し算ではなく掛け算になるような連携だ。「ＮＰＯと連携して社会貢献をしている企業はクールだ」と、そう思う人がもっと増えていけば、より良い社会になると思う。

第三部　「新市民」群像
――ＮＰＯの土台を築いた人々

＊この項は、朝日新聞朝刊の連載「新市民伝」（２００５年10月から07年２月、辻陽明編集委員執筆）をもとに、その後の活動などを新たに取材して再構成しました。

Category

子ども

将来世代に希望を

子どもを取り巻く環境が急激に変わり、解が一つではない問題が噴出している。定型的な教育の形にあわない子どもたちを支える活動、失われがちな子どもの遊び場や居場所を作る活動。子どもの悩みに寄り添う活動、育児中の親を支える活動まで、子どもたちの健やかな成長を願うさまざまな活動が展開されている。

Category

福祉

共助の回復を目指して

内閣府の調査によると、ＮＰＯの活動でもっとも多いのが福祉、医療、保健の分野だ。機動力があり柔軟性を持つＮＰＯはキメ細かい対応ができる、質より量を大切にできる。医療相談、介護、障がい者の就労支援、ひきこもりや若者の居場所づくりなど、この分野の活動は実に多様だ。誰でも安心して暮らせる社会づくりを目指して、ＮＰＯの役割は今後も大きくなる。

Category

まちづくり

自分のまちは自分でつくろう

戦後の「建てよ、広げよ」の時代。全国で開発が進み、鉄道網が伸び、都市への一極集中が進んだ。人々は都心を目指し、郊外から電車で通勤、車中心社会は大型ショッピングセンターを流行らせ、小さな商売は次第に成り立たなくなった。同時に、職場と家庭だけが多くの人々の居場所になり、かつては豊かだった「ご近所」関係が、「隣は何をする人ぞ」になってしまった。05年、人口が減少に転じると、キーワードは「縮小」へと移った。ここで紹介する新市民はそんな時代が来るずいぶん前から、まちの在り方に不安や不便、疑問を持って行動を始めた人々だ。商店街再生から古い街並みの保存、外国人との共生やまちに文化を育てる活動など、多岐に広がっている。

Category

環境

地球環境をコモンズとして

環境問題は、ローカルな地域のゴミ問題から、水質・大気汚染、自然保護、さらにエネルギー問題、地球温暖化といった地球規模の問題まで多岐にわたる。高度経済成長期には、水俣病などの汚染や公害問題が起こり、市民の団体も多く結成されたが、92年にリオで開かれた「地球サミット」後は、地球温暖化や生物多様性などの地球環境問題で活動する団体も多く設立された。調査や政策提言に取り組むＮＰＯも増え、行政や企業と協力して事業を進める団体も出てきた。国際会議などでは、海外のＮＰＯやＮＧＯと連携して、各国政府に圧力をかけ、国際条約の行方に影響力も及ぼすこともある。

Category

海外支援

世界市民を目指して

海外支援を行なう活動が増えたのは、インドシナ難民が急増した80年初め頃だという。当初は、貧困やベーシックニーズを満たせない人たちに対し、日本人スタッフが現地を訪れ、保健・医療や農村開発、教育などの事業が主だった。次第に現地の団体と協力して、自立を助ける活動や、災害や戦争による被災者や難民に対する緊急支援も増えて来た。人道的見地に立つＮＰＯは国益や国境を超え、国交がない国の人たちにも援助を提供できる。国内外にボランティアを派遣する活動を通して、参加者は真の「地球市民」になるための広い視野と経験を獲得することもできる。

Category

市民保護

第三者の目で見る

国や自治体の不正な行為を監視・告発し、是正を要求する市民のオンブズマンの活動だ。銀行や建築業など個別の業種に特化した監視・追求を行なっている団体や、農薬や土壌汚染といった特定のテーマで監視を行なっている団体もある。一方、不正を追及するのではなく、社会的責任を果たしている企業を応援する活動は、企業の良い取組みを後押しする重要な役割を担う。

Category

ＮＰＯ支援

民間公益を支援する仕組みを

98年にＮＰＯ法が施行されるなど、ＮＰＯの活動も活発化してきた。そんなＮＰＯを支援するのが中間支援組織だ。ＮＰＯ同士をつなげるネットワークの役割を果たし、一般市民にさまざまな情報を提供する。寄付者とＮＰＯをつなぐ活動も行う。一方、ＮＰＯを資金面で支援する仕組みもある。市民が出すお金を社会に役立つ事業に貸し出し、地域でお金を循環させることで、お金の流れを社会や環境にとってよりよい方向にもっていくことを目指している。

註：第三部の「団体プロフィール」にある「年間活動費」は、２０１３年度のものです。また「そして今、思うこと」は、２０１５年現在のものです。

子どもに「冒険遊び場」を

プレーパークせたがや
理事
天《あま》野《の》秀《ひで》昭《あき》さん

パーソナルプロフィール

1958年生まれ
活動開始年齢　21歳
職歴　武蔵野美術短期大学専攻科学生
目指す社会の姿　子どもが伸び伸び、いきいき遊べる社会
支えになった書籍　エーリッヒ・フロム著『自由からの逃走』
応援している新市民　特定できない。とにかく子どもと若者！

団体プロフィール

活動拠点　東京都
活動開始年　1979年
法人形態　NPO法人2005年設立
年間活動費　5600万円
　内訳　委託費53.5%、事業収入25.0%、助成金10.7%、寄付8.2%、会費2.5%
有給職員数　15人
ホームページ　http://www.playpark.jp/toppage.html
連絡先　〒154-0002東京都世田谷区下馬2-20-14-2F
☎ 03-3414-4175

かまどの火で五右衛門風呂を沸かし、地面に穴を掘ってダムをつくり、廃材で「基地」を組み立てる。木登り、泥滑り、水のかけあい……。「危ない、汚い、うるさい」。普通の公園なら行政によって禁止されることを含めて子どもたちが思う存分、自由に遊ぶのを助ける。「冒険遊び場」プレーパークと呼ばれる活動の草分けだ。

　武蔵野美術大学のサークルで子どもに図工を教え、地域の自閉症児の保育活動にも参加した。強制するとそっぽを向かれ、自由に遊ばせると心が通う。子どもと遊びについてもっと知りたかった。

　79年、東京都世田谷区の羽根木《はねぎ》公園の一角に日本で初めて常設の冒険遊び場ができた。常駐する初の「プレーリーダー」になった。

　禁止されることに慣れた子どもに好きな遊びをしてもいいと伝え、工具や道具で新たな遊びを教える。訪れる子どもを常に気にかける。そんなプレーリーダーの存在が子どもたちに安心感を与える。常連が増え、さまざまな年代の子が日暮れまで遊んでいく。

　1年のボランティア派遣の期限が近づくと、母親たちが専従スタッフにするよう求める署名を集めてくれた。十数日で5千人分、うち2千人分が子どもだった。その後、世田谷区の冒険遊び場を住民とともに3カ所増やした。15年現在、全国に400カ所以上ある。

　冒険遊び場はデンマークで生まれ、欧州全域に広がった。日本ではまだ壁が厚い。「子どものけがの責任は」と嫌がる行政が多い。住民が「自分の責任で自由に遊ぶ」と訴えないと実現しない。

「子どもは遊んで育つんです」

そして今、思うこと

子どもが置かれている状況はますます悪化している。少子化の反対側で「多大化」、つまり子どもの周りの大人の数が増えている。子どもたちは大人が良いと思うことを教えられ、大人たちが子どもにやらせたいことをやらされる状況となっている。厄介なことに大人たちの「善意」がそこにはあるので、子どもは逃れられなくなっている。

　子どもが遊ぶということは、大人に監視されている状況から開放され、子ども自身の世界を持つことだが、それが難しくなっている。子どもにとって「遊び場」の必要性は活動を始めたときよりも今は高まっている。子どもが伸び伸びと遊べる社会をつくらなくてはならない。

子どもの居場所になる図書館を

高知こどもの図書館
理事
大《おお》原《はら》寿《す》美《み》さん

パーソナルプロフィール

1944年生まれ
活動開始年齢　55歳
職歴　高知こども劇場事務局長
目指す社会の姿　子どもの今と未来が大切にされる社会
支えになった書籍　長田弘著『読書からはじまる』
応援している新市民　こどもの図書館をひきついで運営の中心にいる現在の館長と職員たち

団体プロフィール

活動拠点　高知市
活動開始年　1999年
法人形態　NPO法人1999年設立
年間活動費　1300万円
　内訳　寄付・会費56%、委託・助成金36%、自主事業9%
有給職員数　2.5人
ホームページ　http://wwwa.pikara.ne.jp/kodomonotoshokan/
連絡先　〒780-0844高知市永国寺町6-16
☎ 088-820-8250　FAX 088-820-8251

　高知城や県庁、繁華街に近い3階建てのビル。全国でも珍しい民営の子ども専門図書館を99年から続けている。

「子どもの居場所になる図書館」が目標だ。低い本棚が並び、板張りの床に子どもが座り込んで本を読む。自由に遊べる場もある。読み聞かせの会や「クリスマスの本」などの企画展を開く。職員は、子どもたちの話し相手でもある。

　蔵書は約3万5千冊。だれでも無料で利用できる。１日に親子ら平均約65人が来館し、約１００冊が貸し出される（13年度）。

　もとは「高知こども劇場」の事務局長。芝居の原作に関心を持ち、近所で1万冊以上の子ども文庫を主宰する女性教師の読書会に参加したのがきっかけで、子どもの本の人脈が広がった。そこへ県立図書館の移転話。「跡地を子ども図書館に」と求める運動の中心に押し出された。移転案が消えた後、自力で開設をめざすと、県が所有するビルを改修し無償で貸してくれた。

　運営資金は自前だ。年間約１３００万円の経費の大半は個人約５１０人、団体25の会費や寄付で賄う。手書きの礼状を欠かさない。蔵書の寄贈も継続してあり、多くの本好きに支えられている。

「ものごとの本質が端的に書いてある」のが子どもの本の魅力だと思う。子どもが本を探し借りる様子を見ていると成長がわかる。多くの子どもに本の楽しさを知ってもらいたくて県内各地におはなし会の出前もする。

　小中学校や市町村の図書館は財政難で本も職員も手厚いとはいえない。「子どもが本に出会う。その大切さを訴える大人が、各地で増えてほしい」

そして今、思うこと

　14年、高知こどもの図書館は開館15周年を迎え、さまざまな記念事業を行っている。私は4年前に館長を退職し、今は理事のひとりとして、ボランティアでのサポートを続けている。

　運営は相変わらず厳しいが、活動は県内各地へと本やお話を届けるだけでなく、特に、中山間地域への図書館作りの一助へと向かうようになってきた。そのためにも、行政や他のＮＰＯ、諸団体との協働がますます大きな課題と言える。

　準備会から数えると20年になる。本の仲間との支え合いはもとより、「子どもの本の力」が何とかここまで続けさせてくれたと思っている。職員たちの将来の保証ができることが願いだ。

学び・育ちは学校だけじゃない

東京シューレ
理事長
奥《おく》地《ち》圭《けい》子《こ》さん

パーソナルプロフィール

1941年生まれ
活動開始年齢 44歳
職歴 小学校教員
目指す社会の姿 子どもが自分にあった多様な生き方や学び方を保障される社会
影響を受けた人 児童精神科医の渡辺位氏、教育学者の太田堯氏
応援している新市民 NPO法人全国不登校新聞社の石井志昴編集長

団体プロフィール

活動拠点 東京都
活動開始年 1985年
法人形態 NPO法人1999年設立
年間活動費 1億3515万円
　内訳 事業収入など77%、寄付金13.9%、助成金5.8%、会費3.3%
有給職員数 13人
ホームページ http://www.tokyoshure.jp/
連絡先 〒114-0021東京都北区岸町1-9-19
☎ 03-5993-3135　FAX 03-5993-3137
E-mail info@shure.or.jp

不登校の子どもらが通うフリースクール。その先駆けとして知られる「東京シューレ」を30年続けている。

きっかけは長男の不登校だった。78年、転校した小学3年でのいじめからだ。拒食症でやせ細っていく。すがる思いで児童精神科医を訪ねた。「学校に行くと自分が自分でなくなる気がする」。長男は医師に話した。毎日順番に自宅に遊びに来る同級生から「学校に来いよ」といわれるのもつらいと打ち明けた。親として学校に頼んで始まったことだった。自分の気持ちを吐き出し終えると、大きな伸びをして言った。「おなかがすいた」。家に帰って食べた握り飯は7個。拒食症は治っていた。

「親が良かれと思ってしたことが子どもを追いつめていた。学校に行って当たり前と思っていたから、子どもの苦しさがわからなかった」。長男はその後、地球物理学者になった。

「不登校はだれにでも起きる。学校、家庭、社会のあり方の問題なんです」

85年、44歳で東京シューレを設立。小学校教員を辞めて専従した。前年に始めた「登校拒否を考える会」の親や市民が協力、「子どもが安心していられる学校外の居場所」をめざした。ＮＰＯ法人にもした。

いまは東京の王子、新宿、千葉の流山のビルなどで6～20歳の約１４０人が自由にすごす。講座のほか、バンドや手話、海外交流など子ども主導の多様な活動があり、スタッフ13人が支える。約１４００人が巣立っていった。

「苦しかったら学校に行かなくてもいい。いろいろな育ち方ができるのだから」

そして今、思うこと

約30年かかったが、不登校になっても多様な学び方や生き方ができるようにという思いが形になり始めている。07年には中学校の卒業資格もとれるように、不登校を入学要件にした初めての学校、東京シューレ葛飾中学校も開校。札幌市内の高校と提携してフリースクールに通いながら高校卒業資格もとれる道も作れた。昔は教育は学校中心で、聞く耳を持たなかった政府もフリースクール支援を打ち出した。文部科学省が専門の担当官を置き、14年9月には安倍首相も視察に来た。

現実のニーズにこたえて、創意工夫しながら必要な受け皿を作るというＮＰＯの仕組みが根付き、行政や社会を動かす時代になってきたと実感している。

子育てする女性を孤立させない

びーのびーの
理事長
奥《おく》山《やま》千《ち》鶴《づ》子《こ》さん

パーソナルプロフィール

1962年生まれ
活動開始年齢　38歳
職歴　国際会議などのコーディネーター
目指す社会の姿　安心して子育てができる社会
影響を受けた書籍　小出まみ著『地域から生まれる支えあいの子育て』
応援している新市民　子育て支援をしているすべての人・団体

団体プロフィール

活動拠点　横浜市
活動開始年　2000年
法人形態　NPO法人2000年設立
年間活動費　6694万円
　内訳　委託金73%、自主事業15%、補助金10%、会費・寄付金1%
有給職員数　37人
ホームページ　http://www.bi-no.org/
連絡先　横浜市港北区大倉山5-40-3 大倉山壱番館207
☎ 045-540-7422　FAX 045-883-7619
E-mail admin@bi-no.org

横浜市港北区の菊名西口商店街。空き店舗で、0～3歳の子どもと親たちが日中をすごせる場を00年から設けている。運営するのは母親たち。厚生労働省が全国に広げる「つどいの広場」（現地域子育て支援拠点事業）のモデルになった試みだ。

自身が子育てに悩んだ。青森県八戸市で育ち、筑波大から東京の国際会議の運営会社で9年。「仕事人間」だった94年、32歳で長男が生まれた。しばらくして子育てに専念しようと、会社を辞めた。

突然の孤独。周りに知り合いがいない。ベビーカーを押してスーパーに行く間、声をかけてくれる人もいない。だれかとしゃべりたくて、マンション4階の自宅のベランダから近くの公園を見るようになった。子どもと一緒の女性が現れると駆けつけた。

保健所の「子育て通信」の公募の編集委員になって仲間ができた。そのころ東京都武蔵野市が開設した施設を見学した。幼稚園や保育園に通う前の0～3歳児と親たちの「居場所」。「自分たちですぐにつくろう」と思った。

商店街の空き店舗約70平方メートルにベビーベッドや木製のおもちゃ、絵本……。毎日15～17組が訪れる。母親スタッフや学生ボランティア、商店主ら多くの人に囲まれ、親は安心してすごし、子どもは生き生きする。利用料は一回３００円。横浜市の委託事業として06年から始めた地域の子育て支援拠点「どろっぷ」は、13年現在、年間3万人以上が利用する。地域の子育てニーズにあわせて、行政との協働や自主事業を拡大してきた。

「子育てをする女性を孤立させない。かつてのように地域の多くの人で支えてほしい」

そして今、思うこと

おやこの広場「びーのびーの」、港北区地域子育て支援拠点「どろっぷ」、そして預かり保育の「まんまーる」というように、活動の拠点をふやしてきた。「幼稚園・保育園ガイド」発行、6千人の登録者に向けてメルマガを出すなど、情報提供事業もしてきた。結婚、そして出産という道をえらんだ家族に、その道を選んでよかったと思ってもらえれば、という思いで活動をしてきた。子どもが生まれると、生活が大きく変わる。だからこそ、そのスタートを地域ぐるみで応援することが大切。

どんなに時代が変わろうと、わたしは子育てを支援する応援団であり続けるつもりだ。

ひきこもりから抜け出そう

青少年自立援助センター
理事長
工藤《くどう》定《さだ》次《つぐ》さん

パーソナルプロフィール

1950年生まれ
活動開始年齢　24歳
職歴　大学生
目指す社会の姿　生きづらいやつが生きていける社会
支えになった書籍　司馬遼太郎著『菜の花の沖』。司馬さんの「土地は公有」という持論から、物欲なんて大したものではないと考えた。
応援している新市民　NPO法人育て上げネットの工藤啓代表

団体プロフィール

活動拠点　東京都
活動開始年　1977年
法人形態　NPO法人1999年設立
年間活動費　4億円
　内訳　委託金52.5%、自主事業45%、寄付・会費2.5%
有給職員数　約150人
ホームページ　http://www.npo-ysc.jp/wp/
連絡先　〒197-0011東京都福生市福生2351-1
☎ 042-553-2575　FAX 042-551-6759

ひきこもりの若者が家から出て、寮で共同生活しながら勉強や仕事に取り組む。自立を助ける活動を36年間、東京都福生市で続けている。ひきこもり援助の先駆者だ。

大学の先輩の学習塾を引き継いだのがきっかけだった。来る者は拒まず、子どもと徹底してつきあう。自分のあだ名をつけた「タメ塾」を76年に始めると、つっぱりやいじめられっ子など多様な小中学生のたまり場になった。

親からの相談で、ひきこもりを知った。最初に会ったのは中3の女の子。7年近く家から一歩も出ていない。埼玉県の家を週1回訪ねた。6回目、映画館に行く誘いにうなずき、映画をみた後「学校に行きたい」と言った。知り合いのいない福生なら通学しやすい。自宅で彼女を預かり、共同生活の第1号になった。

「家から出られない子どもが相当数いる。本人や家族の問題だと放置したら、社会で生きていけなくなる」

これまで１２００人前後のひきこもりの相談を受け、５００近い家庭を訪ねた。共同生活ができると判断し、本人が納得すれば寮に引き取る。約23年前に20歳以上も受け入れ始めた。最も深刻なのは学校という戻る場のない年齢に達した若者だと気づいたからだ。

自力で生きるには働かねばならない。欠落した社会経験を補うため、寮で基礎訓練をし、地域の協力企業にチームで働きに行く。入寮者約60人の75％が就労する。ひきこもりだけではなく、働けない若者への就労支援として「若者自立塾」も開く。厚労省とともにつくった仕組みだ。

「この問題に社会がやっと正面から向き合うようになった」

そして今、思うこと

今も「生きづらいやつが生きていけるようにする」という考え方で、若者の自立支援のための活動を続けている。ニート、定住外国人の子弟、ひきこもり、障害者などを対象に、働くための基礎訓練が中心。役所も同じような趣旨の仕事をしているが、仕組みが古すぎたり、金がかかりすぎたりして現実に対応できていない。ＮＰＯにはコスト感覚が必要だ。ともすればボランティア感覚でいいと考えがちだが、働く人がちゃんと飯を食っていけるマネジメントが重要だ。では、社会的企業とどこが違うのかと言われるが、ＮＰＯは利用者と働いている人だけに分配すればいいという点が違う。私は同じことでも企業の65％くらいのコストでやっていけると思っている。

子どもの声を受け止める電話

チャイルドラインみやぎ
代表理事
小《こ》林《ばやし》純《じゅん》子《こ》さん

パーソナルプロフィール

1950年生まれ
活動開始年齢　37歳
職歴　公務員
目指す社会の姿　子どもが皆幸せになってチャイルドラインが不要になる社会
支えになった書籍　『アンクルトムの小屋』『若草物語』
応援している新市民　東日本大震災後、活躍している子どもたちと、まだ動き出していないが、大きな可能性を秘めている子どもたち

団体プロフィール

活動拠点　宮城県
活動開始年　1998年
法人形態　NPO法人2005年設立
年間活動費　約2000万円
　内訳　委託金68.2%、寄付・会費23.9%、補助金16.0%、助成金4.4%
有給職員数　常勤3人、アルバイト3人
ホームページ　http://cl-miyagi.org/
連絡先　〒981-0954宮城県仙台市青葉区川平1-16-5 スカイハイツ102
☎/FAX 022-279-7210　E-mail info@cl-miyagi.org

秘密は守る。名前は言わなくていい。切りたいときに切っていい。子ども専用の電話「チャイルドライン」を宮城県で運営している。

「死ねという手紙が学校の机に入っていた」「お母さんにいつも殴られる」「平均95点でもまだ足りないと言われた」「家にお金がなくて塾に行けない」……。小中、高校生からの電話は年約4千件。学校や家族、性など悩みの相談だけでなく、雑談も多い。

「子どもは話したいことがたくさんあるのに、教師も親も聞いてくれないと思っている。子どもを受け止める『第三の大人』が必要なんです」

　そう感じるようになったのは仙台で「子ども劇場」の活動をしていたときだ。大人の前で創作劇の練習をする子どもが学校や家庭に悩む素顔をさらけ出し、話すうちに自分で解決の道を見つけていく。

　98年、2人の子育てをしながら18年続けた子ども劇場の役員を退いた。ちょうど東京都世田谷区で日本初のチャイルドラインが始まったころ。「電話ならより多くの子どもにかかわれる」と仙台で開設準備の組織を立ち上げた。

　電話の受け手のボランティアは年2回の養成講座で常時約50人確保し、会費などで年約４００万円集める。02年、「月曜から金曜まで平日午後4時~7時のフリーダイヤル」でスタートした。

　視察した本場英国の「24時間のフリーダイヤル」にはまだ遠い。それでも、いま日本の44都道府県の76団体に広がるチャイルドラインの中では最高水準の体制といわれる。

　子どもの声のエッセンスを県の審議会で伝える。「学校や行政に実態を知ってもらいたい」

そして今、思うこと

　子どもが置かれている状況はますます悪化している。各地で増えていったチャイルドラインが協力し、全国の子どもの電話を受けるための統一フリーダイヤルを始めた。現在42地域71団体で、毎日子どもの声を受け止めている。年間70万件のアクセスがある。

　東日本大震災により、チャイルドラインみやぎは7月まで活動を停止。それまでは平日毎日実施していたのを、週1回に縮小せざるを得なかった。かわりに、津波被災地への支援や子どもに関わる団体への支援などをしている。13年3月には、震災後の記録と提言をまとめた書籍『子どもとともに』を出版した。

　実際に出会う子どもたちの声と、電話の向こうの子どもの声を聴く活動はまだまだ続く。

部外者だから「病児保育」できた

フローレンス
代表理事
駒《こま》崎《ざき》弘《ひろ》樹《き》さん

パーソナルプロフィール

1979年生まれ
活動開始年齢　23歳
職歴　フリーターをやりながらNPO起業の準備
目指す社会の姿　子育てと仕事、自己実現の全てに、誰もが挑戦できるしなやかで躍動的な社会
支えになった言葉　マハトマ・ガンディー「見たいと思う世界の変化にあなた自身がなりなさい」
応援している新市民　NPO法人キズキの安田祐輔代表、NPO法人クロスフィールズの小沼大地代表理事、NPO法人ADDSの熊仁美共同代表、NPO法人 3（スリー）keysの森山誉恵代表理事

団体プロフィール

活動拠点　東京都
活動開始年　2005年
法人形態　NPO法人2005年設立
年間活動費　6億5000万円
　内訳　自主事業63.5%、助成金など29.9%、寄付など5.3%
有給職員数　248人
ホームページ　http://www.florence.or.jp/
連絡先　HPに連絡や申し込みのページあり

子どもが熱を出すと働く親は困る。保育所は感染を恐れて預かってくれず、仕事を休むわけにもいかないからだ。

子育てと仕事の両立を支える独自の「病児保育」を東京で始めた。ベテランの主婦に自宅で、病気になった乳幼児を預かってもらう。「ご近所の助け合い」を事業化した。

慶大の学生時代から会社を経営した。後輩に誘われたＩＴベンチャーだったが、次第に違和感を持って03年の卒業と同時に辞めた。そのころ知ったのが米国の「ソーシャルベンチャー」だ。事業を通じて社会の問題を解決する。「自分がやりたいことだ」と思った。

ベビーシッターをしていた母親を思い出した。得意先の女性が子どもの病気で会社を休んだら解雇されたと憤っていた。病児を受け入れる保育施設は全体の２％。新たな仕組みをつくろうと考えた。

施設を持たず行政に頼らず、月会費制にして経営を安定させる。そんな事業を05年4月に開始。いまでは子どもを預ける会員が首都圏で３０００人、保育スタッフは70人を超える。

預かるのは午前7時半～午後6時半。会員が予約すると本部スタッフが自宅にかけつけ、自宅で預かる。当日の要請にも１００％対応する。月会費は利用回数で違うが、平均月７４００円程度。一人親家庭には、寄付を原資に安い料金にし、シングルマザーに「パートから正社員になれた」と感謝されたときは涙が出た。

「子どももいないのに保育の何がわかるの」と保育団体から冷笑されたこともあった。「部外者だからこそ、常識にとらわれない仕組みをつくれた」

そして今、思うこと

ここまでフローレンスを拡大できたのは支えてくれた人々のおかげだ。今、活動でもっとも力を入れていることは「病児保育事業」に加えて「小規模保育事業」と、「障害児保育事業」だ。マンションの空き部屋などを活用し、待機児童の集中する地域に少人数制の保育園「おうち保育園」を開園することで、子育て家庭を助ける。また、杉並区内で「障害児保育園ヘレン」を開園し、これまで働くことのできなかった障害児家庭の就労を支援する。

今後、政府のできることが少なくなっていくなかで、ＮＰＯの役割はもっと大きくなっていく。フローレンスはＮＰＯセクター全体のロールモデルになれるように引き続き取り組んでいきたいと考えている。

「東京湾要塞」から大戦を知る

安房文化遺産フォーラム（元南房総文化財・戦跡保存活用フォーラム）
事務局長
池《いけ》田《だ》恵《え》美《み》子《こ》さん

パーソナルプロフィール

1961年生まれ
活動開始年齢　42歳
職歴　保険会社・社会教育会社勤務、地域誌編集長など
目指す社会の姿　足もとの歴史文化遺産を通じて、先人の平和・交流・共生の精神を学び、一人ひとりが生かされ、助け合い、分かち合える社会
影響を受けた書籍　ジェームズ・レッドフィールド著『聖なる予言』、座右の銘は「人間万事塞翁が馬、禍福は糾える縄の如し」
期待している新市民　関和美さん（医療図書館に勤務しながら調査し、戦跡ガイドとして活躍）

団体プロフィール

活動拠点　館山市
活動開始年　2004年
法人形態　NPO法人2004年設立
年間活動費　820万円
　内訳　助成・委託金45%、自主事業43%、寄付・会費11%
有給職員数　2人
ホームページ　http://bunka-isan.awa.jp/
連絡先　〒294-0036千葉県館山市館山95 小高記念館
　　☎/FAX 0470-22-8271　E-mail awabunka@awa.or.jp

第2次世界大戦末期、「本土決戦」に備え多くの軍事施設がつくられた千葉県の房総半島南部。「東京湾要塞《ようさい》」と呼ばれた。その遺跡の保存と地域の再発見を呼びかけている。

半島南端の館山で育った。家の前の直線道路は旧館山海軍航空隊の滑走路跡、遊び場は地下壕《ごう》や砲台跡だった。

小学校の終わりにハワイのサマーキャンプに参加したとき、日本軍の真珠湾攻撃を教えられた。教科書で学ぶのとは違う衝撃を受け、戦争とは何かを真剣に考えた。

フェリス女学院大から保険会社などで東京に17年。体調を崩して00年、館山に戻る。地域雑誌の編集をしていた際、戦跡の調査と保存活動を続ける高校教師と出会った。

「館山の基地で訓練を受けたパイロットが真珠湾に出撃した」「基地に近い赤山《あかやま》地下壕（総延長約2キロ）では無線で太平洋全体の戦闘を指揮していたのではないか」

ふるさとが戦争で果たした役割を知った。学校の勉強だけではわからないことがある。「子どもたちに戦跡をみて、まず何かを感じてほしい」

04年、高校教師とともに戦跡を保存・活用するＮＰＯ法人を設立した。市は赤山地下壕を一般公開し、文化財に指定した。14年でも約2万5千人が訪れる。特攻基地などを含めた戦跡の見学コースをつくり、ガイドも養成する。

住民の歴史も掘り起こす。戦争中、地元農家は食糧増産のため栽培を禁じられたが特産の花の種を隠して残した。戦争だけではない。「八犬伝」の里見氏の城跡、ハングルなど4言語が刻まれた江戸時代初期の石塔、渡米したアワビ漁師……。

「先人の営みに学びたい」

そして今、思うこと

戦跡ばかりでなく、多様な文化遺産を保存活用し、市民が主役の「館山まるごと博物館」のまちづくりを進めている。平和を願い、海を通じて交流・共生し、助け合ってきた先人たちが培った「平和の文化」は、地域に暮らす誇りを育んでくれる。

戦後70年の15年は「戦争遺跡保存全国シンポジウム」を開催する。青木繁『海の幸』誕生の家「小谷家住宅」の保存基金を全国の画家とともに募り、16年には公開を始める。

市民活動は多様な人材が強みだが、弱点は財源だ。ガイドや書籍などの事業収入は、文化財の保存、掘りおこし調査、まちづくり講座などの公益活動に充てるため、人件費の捻出が困難。後継者を育て、雇用を生み出すためにも、大きな課題である。

舞台芸術の質を高めたい

まちづくり

©Junya Suzuki

アートネットワーク・ジャパン(ANJ)
会長
市《いち》村《むら》作《さ》知《ち》雄《お》さん

パーソナルプロフィール

1949年生まれ
活動開始年齢　33歳の頃
職歴　様々、いろいろ変えた
目指す社会の姿　芸術アートの世界がそうであるように権力や権威がはびこらない社会
支えになった精神　林雄二郎氏(元トヨタ財団専務理事)の無欲無私な姿勢
応援している新市民　松戸駅周辺の芸術活動とその組織

団体プロフィール

活動拠点　東京都
活動開始年　1999年
法人形態　NPO法人2000年設立
年間活動費　8300万円
　内訳　委託・助成金60%、自主事業40%
有給職員数　12人
ホームページ　http://anj.or.jp/
連絡先　〒170-0001東京都豊島区西巣鴨4-9-1にしすがも創造舎
☎ 03-5961-5200　FAX 03-5961-5207　E-mail anj@anj.or.jp

中東の劇団も招く東京国際芸術祭を07年2月から3月末まで東京で開いた。主催したNPO法人ANJの会長だ。

「演劇や舞踏には人々の心を動かし、社会を変えていく力がある」。日本の舞台芸術の質を高め、すそ野を広げようと活動してきた。アートのNPOの先駆けである。

パリを拠点とする舞踏集団「山海塾」のメンバーだった。早大卒業後、溶接工などを経て友人の縁で加わった。ダンサーではなく、最初から制作や管理を担当した。83年から14年間。戦略を練り、世界各国で公演し、東京にも拠点の劇場を確保した。

NPOを知ったのは85年ごろ。営利目的の商業演劇とは違う仕組みが米国にある。アートを志す非営利の劇団は、寄付する人の税金が軽くなるなど社会に支えられる。欧州でも政府の支援が手厚い。

日本の劇団で生活できずに挫折する若者を見てきた。アートを支える仕組みがない日本が異常なのだと気づいた。

先細りの芸術祭のてこ入れを頼まれて99年から事務局を担った。「まずアートを見てもらいたい」。ドイツの著名な劇団ベルリーナアンサンブルを、初めて日本に呼んだ。外国の劇団と共同制作した作品を初演し、世界的に評価されている。07年は、レバノンやチュニジアの劇団も登場した。

芸術祭の主な舞台は廃校になった中学校の体育館。ANJが東京都豊島区から04年に借りて拠点にしている。けいこ場として貸し、役者や演出家を育て、地域の子どもに舞台の楽しさを教える。

公共劇場を運営し、演劇関係者を雇うのが目標。「食えなきゃ良いアートはできません」

そして今、思うこと

相変わらずNPOの活動を続けている。全体的に、NPOの活動費の中で行政からの資金の割合が大きくなってきていると感じている。我らも市民セクターとして、行政の資金を受けながら、自立的な姿勢をとり続ける方法について模索している。

NPOをやり続けていて感じるのは、収支がきちんと管理できる、いわば経営者がいないことだと思う。いろんな事業を考え、企画する人はいても、経営者がいなくてはうまくいかない。もちろん金のことなど心配しないで活動できればいいが、そんなことは現在ではまだ不可能なので。

人はつながりの中で生きる

まちづくり

まちの縁側育くみ隊
代表理事
延《えん》藤《どう》安《やす》弘《ひろ》さん

パーソナルプロフィール

1940年生まれ
活動開始年齢　41歳
職歴　熊本大学工学部建築学科教授、千葉大学工学部都市環境システム学科教授、愛知産業大学大学院造形学研究科教授等。
目指す社会の姿　私発協働、上から降りてくるのではなく、1人1人の発想、個性がつながりあっていろんなことが生み出されていく社会
影響を受けた書籍　ハンナ・アーレント著『人間の条件』
応援している新市民　NPO法人コドモ・ワカモノまちing、NPO法人フリーキッズ・ヴィレッジ

団体プロフィール

活動拠点　名古屋市
活動開始年　2003年
法人形態　NPO法人2003年設立
年間活動費　915万円
　内訳　委託・助成金90%、寄付・会費9%、自主事業1%
有給職員数　3人
ホームページ　http://www.engawa.ne.jp/
連絡先　〒460-0003名古屋市中区錦2-13-1 宮本ビル4F
☎/FAX 052-201-9878　E-mail info@engawa.ne.jp

住民が設計に参加するコーポラティブ住宅の第一人者。まちづくりの伝道師ともいわれる。千葉大教授を自主退官後、NPO活動に転じた。

大阪で育ち、北大の建築工学科へ。ハード重視に違和感を覚え、生活者の視点から住まいを研究した西山夘三教授の京大大学院に進んだ。住民がコミュニティーをつくる長屋のような住宅を模索した。

その答えがコーポラティブ住宅だった。82年、京都で公募に応じた48世帯と議論を3年余。中庭の池では子どもが遊べ、バルコニーは隣同士が行き来できる。住民が住みたい集合住宅を実現した。「住民はやる気になれば大きな力を発揮する」と思った。

住民参加のまちづくりでは、草分けといわれる神戸市長田区真野地区に約30年かかわり、住民から多くを学んだ。95年の阪神・淡路大震災直後に理髪店主が「一番弱い人が一番安心できるようにするのがまちづくりなんや」とつぶやいたのが耳に残る。餅つきなど楽しいことをすれば活動は広がり、対立もとことん話し合えばエネルギーに変わる。

そんな経験をもとに東京都武蔵野市の公団の賃貸住宅を住民主体で建て替え、高知県赤岡町の文化遺産を活性化に使うなど、全国各地で住民参加を実践し、それを大学の研究に生かしてきた。定年3年前の03年、「余力のあるうちに」と、妻のいる名古屋でNPOを始めた。各地で住民参加の活動を続けながら、地元の古い歯科医院を地域の人が出会える場所にした。そんな「まちの縁側」を増やそうと呼びかけている。

「人は人とのつながりの中でしか生きられないからです」

そして今、思うこと

生命福祉コミュニティーとしての「まちの縁側」を、人々が、ヒト・モノ・コトのゆるやかなつながりを通して、ふくよかな生きがいとしての生命を共に育み合う居場所づくりとそのプロセスととらえ、その普及に取り組んでいる。繊維問屋街を中心とする名古屋市の錦二丁目地区の再生に向けて、地域主体で向こう20年先のマスタープランを策定し、自然環境との共生による低炭素地区・安心なまちを育む活動を支援。ミッション(使命)・パッション(情熱)・ソロバン(経営)の3拍子を目指しているが、「ソロバン」が困難。しかしNPO活動は自己と他者の間に愉悦による生きられたときの共感をもたらすから、やめられない。

「みんなのスキー場」をNPOで

まちづくり

不忘アザレア
理事長兼事務局長
木《き》村《むら》孝《たかし》さん

パーソナルプロフィール

1951年生まれ
活動開始年齢　48歳
職歴　かつても今も旅館経営
目指す社会の姿　NPOと行政の協働で豊かな公共が実感できる社会
支えになった精神　せんだい・みやぎNPOセンターの故加藤哲夫さんに教えてもらった、行政との協働など、NPOの精神
応援している新市民　せんだい・みやぎNPOセンター

団体プロフィール

活動拠点　白石市
活動開始年　1999年
法人形態　NPO法人1999年設立
年間活動費　1億円
　内訳　事業費
有給職員数　4人
ホームページ　http://www.nposki.com/index.html
連絡先　〒989-0733宮城県白石市福岡八宮字不忘山
☎0224-24-8111　FAX 0224-24-8267
E-mail info@nposki.com

太平洋を一望できる宮城県白石市の「みやぎ蔵王白石スキー場」。企業が撤退後、ＮＰＯ法人が運営する全国初のスキー場としてよみがえった。その立役者だ。

スキー場のある不忘山《ふぼうさん》のふもと、鎌先温泉で江戸時代から続く旅館を経営する。69年にできた市内唯一のスキー場は地元客が多い。「自分たちのスキー場を自分たちの力で残したい」と思った。

97年12月に親会社のゴルフ場大手の日東興業が経営破綻《はたん》で和議を申請。99年1月にはリフトなどの無償譲渡を白石市に申し出た。市は受け入れたものの、運営を託する企業が見つからず困っていた。

「ＮＰＯ法人しかない」。当時の市長に直談判した。開業医や酪農家ら有志を集めて設立した。名前に地元の花を入れた。48歳のときだ。

それから16年。14年のシーズン入場者は4万3千人、売上高は９０００万円弱。「スキー不況」の中で善戦している。

市はリフトやロッジの設備投資はしても、委託料は出さない。自身をはじめ役員は全員無報酬。「営業マン」にもなる。常勤職員4人に減らしたが、地元密着を徹底した。

苦情にすぐ対応する。「高い」といわれた食堂は値下げした。リフト券は中学生を大人から子ども料金に改め、家族割引も導入した。

三つのスキー団体が協力して競技会を運営し、夏は自然観察会のほか、環境団体と一緒にイベントも開く。

「出産で4年ぶり。娘のスキー場デビューです」。アンケートに書き込みがある。リゾート開発の時代とは違う「みんなのスキー場」になった。

そして今、思うこと

スキー場経営という根幹は変わらないが、除雪車を地域から要請があればすぐに出動させるなど、地域の人々との連携を強めている。蔵王のトレッキングが人気となってきたため、山頂との往復にボランティアで車を出す活動も開始。一方で自生しているユリ持ち去りへの警告などを地元のＮＰＯ「蔵王のブナと水を守る会」と連携してやっている。

自分たちの活動をすべて正しいと考えず、とにかく地域のためになっているかどうかという視点を忘れてはいけないと思う。自分たちのエゴを出さずに、地域のための活動という方針がぶれない限り、地域のみなさんに活動を理解してもらえる。その連携が新たな活動を生み出す。

「地域猫」で行政と組む

ねこだすけ
代表理事
工《く》藤《どう》久《く》美《み》子《こ》さん

パーソナルプロフィール

1955年生まれ
活動開始年齢　39歳
職歴　現在も仕事を継続中
目指す社会の姿　国民全てが、自分に出来る範囲で無理のないボランティア活動を行うこと。それにより既にさまざまな活動を行っているボランティアの気持ちも理解しやすくなり、また連帯感も生まれると思う。
感銘を受けた人　強い意思をもって理想実現をひたむきに目指す人たちの生き方
応援している新市民　若い人たちのさまざまな分野の社会貢献活動

団体プロフィール

活動拠点　東京都
活動開始年　2000年
法人形態　NPO法人2000年設立
年間活動費　100万円
　内訳　寄付・会費100%
有給職員数　0人
ホームページ　http://nekodasuke.main.jp/index.html
連絡先　〒160-0015東京都新宿区大京町5-15-203
FAX 03-3350-6440

行政と組んで「地域猫」という仕組みを広めている。

飼い主のいない野良猫に不妊・去勢手術をし、「地域猫」として余命をまっとうさせる仕組みだ。耳に目印をつけ、住民が場所を決めて餌をやり、トイレも管理する。猫の命を守りながら次第に数を減らしていく。

93年、夫と移り住んだ東京都新宿区で、野良猫に餌をやる独り暮らしの老女に出会った。餌代は重荷でも「猫がいるからやめられない」という。猫のふんや尿、鳴き声などに悩まされる住民からは目の敵にされていた。

「弱者に捨て猫の世話をさせ、文句だけ言うのはおかしい」と腹が立った。昔飼っていた猫の手術を思い出し、野良猫を捕まえて自費で不妊手術を受けさせた。猫はメス1匹が年10匹以上産む。繁殖を抑えるしかないと考えた。

それから自費の手術は別の地域を含めて約70匹。メスで1匹2万～3万円する手術費のために車も売った。仲間を増やそうと、NPO法人「ねこだすけ」をつくった。

「捨てる飼い主が悪いといって、放っておけば地域の環境も人間関係も悪くなる。地域猫と共生することを住民が理解できればいい。行政が間に入れば理解しやすくなる」

東京都が01年度から都道府県で初めて取り組んだ「地域猫」対策に協力した。会員がボランティアで町内会の会合に出るなど、市区の担当者と一緒に理解を後押し。手術は都の獣医師が一部を実施、あとは住民の寄付で賄う。

「地域猫」の取り組みは14年、動物愛護法の基本指針に掲げられ、全国に拡がり始めた。

そして今、思うこと

行政と協働している「地域猫セミナー」の開催。もう一つが住民ボランティアによるチラシや活動レポートを使った地域広報。この言わばトップダウンの広域広報とボトムアップの現場広報の二種類の広報活動が、実際の不妊手術活動と並んで大変重要だ。このセミナーや、チラシを使った地域広報が全国に拡がってきたことが以前と大きな違いと思う。

NPOをやり続けていて最も強く感じているのは「市民の一人一人が、何かしら自分に向いたボランティア活動を行えば、世の中は劇的に変わるはずということ」。ちなみにねこだすけのポリシーの一つは「目立たず邪魔にならず、できることを、できる範囲で無理をせず」

町家は京都1200年の文化です

まちづくり

京町家再生研究会
理事長
小《こ》島《じま》冨《ふ》佐《さ》江《え》さん

パーソナルプロフィール

1956年生まれ
活動開始年齢　35歳
職歴　専業主婦、夫が亡くなった後、設計事務所に勤務。
目指す社会の姿　木造建物の良さが再認識され、それぞれの個性を生かした町で住民が心豊かに暮らす社会
影響を受けた言葉　聖書にある「地の塩、世の光」という言葉。中学生のときに授業で学び、「人のために働こう」と決意を固めた
応援している新市民　一般社団法人「京町家作事組」

団体プロフィール

活動拠点　京都市
活動開始年　1992年
法人形態　NPO法人2002年法人化
年間活動費　約500万円
　内訳　委託・助成金60%、寄付・会費40%
有給職員数　0人
ホームページ　http://www.kyomachiya.net/saisei/
連絡先　〒604-8214 京都市中京区新町通錦小路上ル百足屋町384
☎ 075-221-3340　FAX 075-231-0727
E-mail saisei@kyomachiya.net

京都の美しい街並みが失われつつある。「町家《まちや》」と呼ばれる伝統的な木造住宅が取り壊され、マンションなどに姿を変えているからだ。残る町家を保全し、そこで育まれてきた暮らしの文化を守ろうと活動を続けている。

京都の伏見で育ち、同志社大学を出て建築家と結婚した。嫁いだ先が町家だった。祇園祭の舞台の中京区。夫が病気で亡くなった後も、幼い娘２人を町家で育てた。

築１１５年。店舗だった場所の奥に住宅と庭があり、夏の夕方に水をまけば涼しい風が吹き抜ける。都心で四季を感じられ、生活の知恵が詰まっている。黒光りした廊下の雑巾《ぞうきん》がけなど手間はかかるが、住んで豊かな気持ちになる。

「もっと町家を知りたい」と92年、自宅を本部にして研究会の設立に参加した。まず中心部の町家の調査をし、研究者や学生ら15人で8千軒をまわった。町家の文化的価値に無頓着な人もいる。修繕や相続など資金面の悩みも深い。存続が危うい実態が浮かび上がった。

イタリアの古い街並みも見た。住民は不自由な中でも生き生きしている。「建物の保存だけではだめ。楽しく生活できないと長続きしない」

町家に住む人の相談に乗り、現代の生活をしやすい修繕を助言する。安心して修繕を頼める仕組みもつくった。

京都の暮らしの伝統を伝える公開の会を時おり催し、町家の賃貸情報も紹介する。一年おきに全国町家交流会を開く。町家は地震や火事に弱いとして法律で新築が認められない。大工や左官の技術の継承が難題だ。「町家は京都に１２００年続く文化。新築できるようにするのが目標です」

そして今、思うこと

海外への情報発信にも取り組んでいる。ニューヨークで町家に関するシンポジウムを開いて、米国の財団から寄付も受けた。外国人や京都以外の相談に対応することも増えている。

私たちの活動はそれほどお金をかけていないが、もっと活動を広げるには、資金が必要になるはず。若い人たちの活動を見ていると、非営利事業と営利事業の境目が小さくなっているように思う。ＮＰＯから出発して、どんどん事業を展開している。私たちが踏み越えられなかった壁を軽々と乗りこえているのは、頼もしく思う。私たちの世代も、このまま非営利にこだわるか、営利事業に踏み出して活動をさらに展開するのかの分岐点に立っている気がする。

住民が主役、行政は脇役です

まちづくり

西須磨まちづくり懇談会
事務局長
佐《さ》藤《とう》三《さぶ》郎《ろう》さん

パーソナルプロフィール

1932年生まれ
活動開始年齢　62歳
職歴　高校の社会科教師
目指す社会の姿　格差がなく、憲法にある国民の基本的人権が尊重され、みんなが安心して生活できる社会
影響を受けた映画　羽田澄子監督記録映画「住民が選択した町の福祉」
応援している新市民　福祉ネットワーク西須磨だんらんの宗政美穂事務局長

団体プロフィール

活動拠点　神戸市
活動開始年　1992年
法人形態　住民による任意団体1995年設立
年間活動費　なし
会員数　専従者はおらず、自治会役員や住民が参加
ホームページ　なし
連絡先　〒654-0036 兵庫県神戸市須磨区南町2-4-16
☎/FAX 078-733-3560
E-mail minami2satou@kxa.biglobe.ne.jp

神戸市須磨区の西須磨地域。自治会が市に反旗を翻し、道路計画を止め、独自のまちづくりを進める原動力になった。その中心人物だ。

自治会や町内会は行政の「下請け組織」といわれることが多い。それが住民主導のまちづくりを試みた例として全国的に注目されている。

西須磨生まれ。神戸大生のころ、近所の公民館で人形劇など地域の若者のサークル活動を引っ張った。兵庫県の高校で社会科教師を約30年。

定年目前の91年、妻の友人に地元の自治会の手伝いを頼まれた。2年後、新会長の自治会改革で総務部長に。地域活動の大切さを知った。

きっかけは西須磨の区画整理計画。市は中身を隠して手続きを進めようとした。調べると住宅地を貫く幹線道路を含む。自治会の反対で頓挫した後、市は95年の阪神・淡路大震災に乗じる形で、道路だけを用地買収で建設すると表明した。西須磨は復興事業から外される「嫌がらせ」も受けた。

「市は住民の声を聞かずに公共事業を押しつける。これではまちは良くならない」

住民自身が地域を暮らしやすくする計画をつくろう――。自治会役員や市民団体の幹部、主婦らで「まちづくり懇談会」を結成、道路や福祉、環境について対話を市に呼びかけた。市は応じない。住民側は道路の騒音などを自主調査し、97年から13年まで市を相手に公害紛争調停を続けた。申請人は約３７００人に及ぶ。高齢者の助け合いや公園の運営も住民主体で進める。

行政主導の「住民参加」はだめだと思う。「まちづくりは住民が主役、行政は脇役。それを保証する仕組みが必要です」

そして今、思うこと

いまは懇談会では会議を開くことはないが、都市計画による住環境の悪化や騒音問題に対する行政の監視や、介護での支え合いなど、関係者による自発的な活動が続いている。

最近はＮＰＯの存在感は大きくなってきたが、さらに一歩を踏み出さないといけない。いまではインターネットで呼びかけると、共感した人たちが首相官邸の前などにたくさん集まる。こうした活動と、私たちのようなテーマごとの活動が連携できるようになればいいと思う。団体の横のつながりが増えれば、ＮＰＯ全体の発言力が強まるはず。

政府とも、政府の下請けになるのでなく、政府に対してモノを言えるような関係を築かなければいけないと感じている。

「北の国」の劇場を運営する

まちづくり

富良野メセナ協会
代表
（元ふらの演劇工房理事長）

篠《しの》田《だ》信《のぶ》子《こ》さん

パーソナルプロフィール

1948年生まれ
活動開始年齢　48歳
職歴　看護師・大学非常勤講師
目指す社会の姿　子どもたちが地域に誇りと夢を持てる社会
支えになった書籍　平田オリザ著『芸術立国論』
支えにしている言葉　やらない理由をつくらない
応援している新市民　母親を含め、女性が意識を変えて行動している団体

団体プロフィール

活動拠点　富良野市
活動開始年　2007年
法人形態（設立年）　任意団体2007年設立
年間活動費　約300万～400万円
内訳　寄付100%
有給職員数　なし
ホームページ　https://www.facebook.com/furano.mesena/
連絡先　〒076-0014北海道富良野市字上五区
☎0167-39-0280

北海道富良野市が郊外の丘の上に建てた３００席の小劇場。それを独自の工夫で運営するＮＰＯ法人（特定非営利活動法人）「ふらの演劇工房」の中心人物だった。

医師の夫の転勤で79年に富良野へ。豊かな自然に魅せられ永住を決めた。富良野はテレビドラマ「北の国から」の舞台。作者の脚本家・倉本聰氏が住み、「富良野塾」で俳優と脚本家を育て芝居もつくる。

「倉本さんがまいた演劇文化の種を地域に根づかせたい」と思った。４人の子育てが一段落した97年、仲間と団体を設立、学校や高齢者施設で演劇の楽しさを伝えようと考えた。99年に全国第1号のＮＰＯ法人に。

ソフトを育てるのが目的で劇場運営が目的の団体ではなかったが、受託せざるを得ない状況だった。00年に9億円で完成した劇場は倉本氏の構想が生かされ、演じ手への配慮にあふれた演劇専用劇場になった。ただ、場所は不便なところ。市側の説明不足で市民の反発も強く、市民の劇場にするには困難が伴った。市の委託費は想定の半分の年２千万円。事務局長自身を含め理事全員が自腹で赤字を穴埋めする覚悟をした。

それが初年度から黒字を続ける。劇場に魅力を感じたイッセー尾形ら著名人が出てくれた。客層を広げようと立川志の輔や春風亭昇太らの落語や演芸、音楽にも力を入れた。地元の有力団体を説得、その寄付金で中古の映写機を買い映画も上映した。コスト削減へ、住民が実行委員会をつくって自らのリスクで出演者を呼ぶ方式も一部採用した。ボランティア１３０人が運営を支える。

学校などに出向く体験講習で演劇のすそ野も広げる。「地域のための活動をしていれば、住民は劇場に来てくれます」

そして今、思うこと

奇跡的にも劇場運営の目途がついてきた。07年、もっと子供たちが芸術文化に触れる必要性を感じ、体験型事業に専念するために富良野メセナ協会を設立した。文化は地域の企業が支えることに賛同した、企業や個人の協賛金で事業を推進している。学校現場との連携も成熟し、市内全学校へ芸術プログラムを提供し実施している。

また、30年来倉本聰氏が運営し撮影にも使われた喫茶「北時計」が富良野市に移管されたのを機に、10年、名称を「喫茶・ギャラリーあかなら」に変更して、もう一つの文化発信基地にすべくボランティアで運営を開始した。

劇場、メセナ、喫茶・ギャラリーそれぞれ絡み合って「文化のかおるまち富良野」を目指している。

企業に社会貢献を仕掛ける

まちづくり

イー・エルダー
理事長
鈴《すず》木《き》政《まさ》孝《たか》さん

パーソナルプロフィール

1940年生まれ
活動開始年齢　58歳
職歴　ビジネスマン
目指す社会の姿　「中負担中福祉」「授人以魚、不如人以漁」魚を与えられたら一日は暮らせるが、魚をとる方法を教えられたら一生暮らせる。ただ与えられるだけでなく、少しでも自分でかせいで負担できる福祉社会
影響を受けた書籍　T. J.ワットソン. Jr.著『企業よ信念をもて』、内村鑑三著『後世への最大遺物』、大島清著『人生は定年からが面白い』
応援している新市民　ぱれっと、JCIテレワーカーズネットワーク、フローレンス、ピコピコ、パワーウェーブ日出、札幌チャレンジド、HITOプロジェクト、全視情協、石巻復興支援ネットワークなど

団体プロフィール

活動拠点　東京都
活動開始年　2000年
法人形態　NPO法人2000年設立
年間活動費　2264万円
　内訳　自主事業64%、委託・助成金35%、寄付・会費1%
有給職員数　28人
ホームページ　http://www.e-elder.jp/
連絡先　〒150-0043東京都渋谷区道玄坂1-15-3 プリメーラ道玄坂309
☎ 03-5728-3571　FAX 03-5728-3572
E-mail office@e-elder.jp（事務局）

企業が取り組みやすい社会貢献事業を仕掛ける。障害者や高齢者のインターネット生活を支援するＮＰＯ法人「イー・エルダー」の中心だ。

日本ＩＢＭのＯＢ。花形の営業から志願して51歳で社会貢献部に異動した。次男の障害で福祉に関心があった。当時の通産省の外郭団体に出向し、パソコンを使った高齢者の社会参加の実験を進め、その活力に目を見張った。

00年、60歳でイー・エルダーを設立した。定年退職した情報技術者らが障害者や高齢者にパソコンを教える計画だった。自身は2年の定年延長で社会貢献部にいた。

そのとき、ＩＢＭとして社内の不要なパソコン５００台を再生し福祉団体などに無償提供する事業を考えた。1億円の再生費を抑えるため、マイクロソフトに基本ソフトなどを寄付してもらう。すると米国ＩＢＭから「マイクロソフトとの共同事業は困る」とクレームがついた。そこで、第三者のイー・エルダーが両社から寄付を受けてパソコンを再生し寄贈する形にした。

これがイー・エルダーの主力事業になった。両社の協力を背に「中古パソコンと寄付金を出して」と頼むと、ボーダフォン、デンソーなど多くの企業が応じた。1台1万円の寄付金は再生費と運営費。企業は社会貢献になり、寄贈先を探す手間も省ける。14年までに計54社からの計1万9千台を延べ５２６６団体に寄贈したり、ソフトを入れて安く譲ったりした。ほかにも、視覚障害者でもわかるホームページの助成事業など多くの企業と組む。

「企業の資金や技術と人々のニーズをつないでいきたい」

そして今、思うこと

事業型ＮＰＯ法人イー・エルダーの事業経営を基本に、ソーシャルビジネスについて、大学やビジネススクール、自治体を舞台に、その普及・啓発と社会企業家の発掘・育成に奔走している。

日本のＮＰＯ法人は社会性のある活動を行うが、事業性が無いため、「ボランティア団体」として定着してしまっているのが残念だ。学生の就職先として選択されない、行政や企業から相手にされないことに、忸怩たる思いを感じる。

外国人も暮らしやすい社会に

まちづくり

多文化共生センター大阪
代表理事
田《た》村《むら》太《た》郎《ろう》さん

パーソナルプロフィール

1971年生まれ
活動開始年齢　23歳
職歴　フィリピン人向けレンタルビデオ店の店員
目指す社会の姿　文化の違いだけでなく、国籍や障害の有無、性的志向などいろいろな違いに寛容で多様性が確保された社会
影響を受けた言葉　故草地賢一さん（阪神大震災地元NGO救援連合会議代表）がボランティアのあるべき姿としていた「言われなくてもする、言われてもしない」
応援している新市民　NPO法人み・らいずの河内崇典代表

団体プロフィール

活動拠点　大阪市
活動開始年　1995年
法人形態　NPO法人2000年設立
年間活動費　1200万円
内訳　委託・助成金78%、自主事業14%、寄付・会費8%
職員数　5人（常勤2人、非常勤3人）
ホームページ　http://www.tabunka.jp/osaka/
連絡先　〒532-0023大阪市淀川区十三東2-6-7徳島ビル2階
☎ 06-6390-8201　FAX 06-6195-8812
E-mail osaka@tabunka.jp

阪神・淡路大震災を機に、日本に住む外国人への支援活動を続ける民間団体「多文化共生センター」を引っ張ってきた。

兵庫県伊丹市の高校を90年に卒業後、世界の激動を実感したくて欧州や南米などを放浪した。93年に帰国。大阪のフィリピン人向けレンタルビデオ店で働いた。南米からの労働者とも親しくなった。

95年1月17日。外国人の友人も被災した。神戸市内の食品会社で働く日系ペルー人に翌日電話すると、ガスタンクの亀裂で避難勧告が出たことを知らない。広報車の日本語がわからない。「外国人にも、日本人と同じだけの情報が届くべきだ」

すぐに大阪で多言語の電話相談を始めた。まずスペイン、中国、英語など7言語。外国人が半分というボランティア約２００人が集まり、10言語を超えた。この「外国人地震情報センター」を事務局長として切り盛りした。

そのうち関西全域から相談が来た。「医療費を払えない」「賃金をもらえない」「出産の手続きは」……。「大事なのは日常生活の支援。外国人も暮らしやすい地域社会に」と同年10月、現在の組織に衣替えした。

拠点は大阪だが、枝分かれした団体が東京、京都、兵庫で活動。多言語で生活相談に乗り、福祉や教育制度の説明をするほか、医療通訳やフリースクールなどの活動もする。有料の多言語携帯サイトも別会社で運営する。

90年代に急増した日本の在住外国人は13年末で２０６万人。総務省が05年度、日本語習得など自治体による支援計画の検討を始め、メンバーに加わったが、それが多文化共生推進プランとして実現。「多文化共生」がやっと国の政策になった」

そして今、思うこと

外国人との共生だけでなく、さまざまな違いに寛容な社会をつくることに関心が広がり、07年にダイバーシティ研究所を設立。女性や障害者の雇用状況の情報開示を企業に促し、働きやすい職場づくりのための調査や啓発に取り組んできた。東北の復興支援にも加わっている。

私たちが活動を始めたころは、ＮＰＯには企業や行政を補完、補助する側面が強かったが、今はそうではない。弱くて小さい存在として批判するだけの団体ではなく、自らも気概と責任を持ち、社会の主要な担い手として解決策を提示する存在として、ときには行政や企業と対等に活動していくことが必要だと考えている。

漁師の出資で観光ダイビング

まちづくり

クラブノアグループ
代表
松《まつ》田《だ》猛《たけ》司《し》さん

パーソナルプロフィール

1953年生まれ
活動開始年齢　39歳
職歴　アスレチッククラブを運営する会社のダイビング・インストラクター
目指す社会の姿　若い人も年を取った人も、希望や夢が持てる社会
影響を受けた書籍　雑誌「ボーイズライフ」

団体プロフィール

活動拠点　西牟婁郡
活動開始年　1995年
法人形態　株式会社（コーポラティブ形態）1995年設立
年間活動費　2億円強
　内訳　地元の漁師や漁業組合らが出資して作ったグループ6社で、ダイビング教室や移動水族館などの事業収入
有給職員数　20人
連絡先　和歌山県西牟婁郡すさみ町周参見4857−74など

ダイバーが漁船で沖合に出て潜り、魚の群れなど海中の景色を楽しむ。そんな観光ダイビングを目玉に「漁村再生」を日本各地で進める。

　法政大在学中に磨いた潜水技術を買われ、ドゥ・スポーツプラザを運営する日新製糖に入った。ダイビング部門を立ち上げ、フィリピンのパラワン島にリゾートまで築いた。ところが、94年、41歳で退社。一緒に辞めた現地のスタッフらと資金を出し合い、島の別の場所に新たなリゾートをつくった。「住民が豊かになる仕組みが必要だ」と考えたからだ。

　そのころ、和歌山県すさみ町の漁協幹部に会った。妻の母の実家があり、家族で遊びに来た縁だ。漁業の水揚げは落ち、過疎化も止まらない。活性化の知恵を求められた。

「すさみは上級者も満足できる海。住民が自ら資金を出し、地域にあるものを生かせば、うまくいく」と思った。

　運営会社が集客や船の手配、ガイドなどをし、漁師は漁船のチャーター料を受け取り、漁協は空気ボンベやシャワー室など施設の使用料を得る、という仕組みを提案した。資本金２千万円の会社が漁師ら住民約１５０人と漁協の出資で95年に設立された。密漁を心配する「ダイバー嫌い」の漁師も最後は納得してくれた。町立公園の荒れ果てた休憩施設も観光客向けの水族館としてよみがえらせた。

「クラブノア」と呼ぶ同様の事業は徳島、小笠原、隠岐、山口・萩に広がる。地域で何かできないかという相談は今も寄せられる。炭鉱閉山の北海道三笠市出身。「活気あるふるさと」が夢だ。探検家としても知られる。

そして今、思うこと

若者たちの経済状況が厳しくなったことや、東日本大震災以来、人々が津波に敏感になったことなどでダイビング客は減った。かわりに今は、海の生き物観察会やスノーケリングなど小中学生の体験学習が増えている。

　地方の高齢化はますます進み、地域の活性化の担い手が足りない。ただ、あきらめちゃいけないと思っている。「子どもたちは都会に行っているから、自分の代で終わっていい」という漁師さんもいるが、本当は戻ってきてもらいたいはず。戻って来て楽しいと思うところにしなければ、ふるさとはなくなってしまう。自分は、この活動が人生そのものになっちゃっているから、あきらめません（笑）。

お金がないから知恵が出る

福祉

ケア・センターやわらぎ
代表
石《いし》川《かわ》治《はる》江《え》さん

パーソナルプロフィール

1947年生まれ
活動開始年齢　40歳
職歴　国際羊毛事務局秘書
目指す社会の姿　戦(いくさ)をしない、人々がお互いに認め合う社会
影響を受けた書籍　岡潔と小林秀雄の対談集『人間の建設』
応援している新市民　ホームレス支援団体てのはし

団体プロフィール

活動拠点　東京都
活動開始年　1987年
法人形態　NPO法人2000年設立
年間活動費　22億円
　内訳　社会福祉法人「にんじんの会」と併せて介護保険料98%、自主事業など2%
有給職員数　670人(にんじんの会と併せて)
ホームページ　http://www.yawaragi.or.jp/
連絡先　〒190-0013東京都立川市富士見町2-31-23
　☎ 042-526-2207　FAX 042-526-2208

在宅介護の草分けといわれるNPO法人「ケア・センターやわらぎ」。東京西部の立川市周辺で約2500人の高齢者や障害者を介護する。ヘルパーを含めて670人余りの職員を率いる代表理事だ。

　最初から福祉をめざしたわけではない。地元立川の高校卒業後、当時は赤坂にあった国際羊毛事務局で秘書などとして7年半働いた。結婚、出産で退職。今度は立川の自宅近くで居酒屋を始めた。

　この居酒屋が障害者の運動の拠点になる。友人に誘われて訪ねた授産施設で、重度の障害者が腕やあごで和文タイプを打つ姿を見て衝撃を受けた。その障害者らが「駅にエレベーターを」と訴える運動の先頭に立った。自宅で暮らす重度の障害者を支えようと、行政のヘルパーがやらないトイレの介助などを仲間のボランティアと8年続けた。

「ボランティアだけでは支え切れないと痛感した。利用者からお金をもらう有償サービスにして責任を明確にする。長く続く仕組みをつくりたかった」

　87年、40歳で、高齢者も対象にした有償の在宅介護事業に踏み出した。契約すれば夜間でも休日でもサービスを提供する。どのヘルパーでも担当できるように、利用者の介護メニューがすぐわかるソフトを開発した。これは介護保険のモデルになった。

　派遣業ではないので利用料はヘルパーに入る。事務局経費の確保に苦労した。仕事の効率化は常に課題だった。

「お金がないから知恵が出る。介護の現場は家族や地域の問題が複雑に絡む。知恵はいくら出しても足りません」

そして今、思うこと

　営利企業の経営資源は、ヒト、モノ、カネ、情報だが、社会起業では、そこに「目的」が加わる。「何のために私たちの活動があるのか」が重要だ。これは「覚悟」を問うことにつながり、問題を乗り越えるときに大きな意味を持つ。

　さらに言えば、両手を十分に動かすこと。片手だけの活動はいわば収益活動だけだが、もう一方の手で多くの人の共感を得てムーブメントを興し、目的を達成する。社会的課題に向きあうことは、一人ひとりのニーズにきちんと対応することに他ならない。ひとつのニーズの後ろには100のニーズがある。社会構造は複雑になり、容易に解決できない問題が増えるが、私たちは1ミリでも前に進める努力をしていきたい。

「IT分業」で障害者に仕事

福祉

JCIテレワーカーズネットワーク
理事長
猪《いの》子《こ》和《かず》幸《ゆき》さん

パーソナルプロフィール

1938年生まれ
活動開始年齢　60歳
職歴　高等学校教員（商業・情報）
目指す社会の姿　互いの個性と人格と生き方を尊重し合い、共存共栄する社会。人間社会の真の在り様は「働くことを通して自己実現を図り社会に貢献すること」と考える
支えになった人　妻・猪子光枝（「運命共同体」として、15年間、私の専任運転手を務めてくれた）
応援している新市民　明日の「JCI」を支える若きチャレンジドたち

団体プロフィール

活動拠点　鳴門市
活動開始年　1999年
法人形態　NPO法人2002年設立
年間活動費　2300万円
　内訳　自主事業70%、委託・助成金30%
有給職員数　5人
ホームページ　http://jci-tn.jp/
連絡先　〒779-0303鳴門市大麻町池谷字丸池29-3
☎/FAX 088-683-5101

障害者がパソコンを使いチームで手分けをして仕事をする。「ＩＴ分業」の仕組みをつくり、徳島県鳴門市を拠点に障害者の自立を支援している。全国の先駆けだ。

県立高校の商業科の教師だった。コンピューターと出会ったのは71年。「商業科の生徒の武器になる」と手探りで勉強を続け、コンピューター教育の全国の教科書を共同執筆するまでになった。

生徒や教師を研修する県の情報処理教育センターに14年間勤務し、養護学校の生徒の研修を実現した。高校に戻って、重い障害のある生徒を特別に教えた。ホームルームや体育の授業で居場所がないのを放っておけなかった。「彼らが持つ能力を発揮できるようにしたい」。99年の定年退職と同時に活動を始めた。

いまは障害者約１００人が「ＪＣＩ」の会員として働く。３カ月のパソコン講習を受ければ即戦力。パソコンとインターネットを使う在宅の「テレワーカー」になる。

仕事で多いのはパンフレットなど印刷物の編集。脳性マヒで手足が不自由な人が多い10人のチームは、１年かけて１００万円で高齢者の自費出版の句集を編集している。

市から借りた2階建ての建物は、通える障害者の仕事場だ。ネットショッピングのデータ更新、県のＮＰＯ法人の閲覧資料のデータベース化、聴覚障害者のための要約筆記の訓練、点字の名刺づくり、中古パソコンの再生……。

納期などは障害者がメールで交渉する。値切られがちな金額だけは理事長の担当だ。

「障害者が４人いればプロの健常者１人に対抗できる。５人なら超えられます」

そして今、思うこと

障害を持つ「チャレンジドたち」とともに「時間と場所の制約から解放された、新しいワーキングスタイルとライフスタイルの創出」を標榜してＪＣＩを創設して以来、「退路を断って、前に道を拓く覚悟の共有」を原動力として活動を続けた。独自に構築した「在宅就業支援のコンピュータシステム」で、障害者らが信頼性の高い「テレワーク・ビジネス」を全国展開している。

07年、経産省の「ソーシャルビジネス（ＳＢ）55選」に選定されたのを機にＳＢへの道を決めた。「ＳＢ」とは、自らが掲げる「社会貢献の理念」に適わぬオファーは潔く拒否しつづけ、なお、経済的・意識的に自立・継続・発展する事業体であると理解している。あえて、困難な選択をした。

日本は飲酒に甘い社会です

福祉

ASK（アルコール薬物問題全国市民協会）
代表
今《いま》成《なり》知《とも》美《み》さん

パーソナルプロフィール

1956年生まれ
活動開始年齢　27歳
職歴　フリーランスのライター
目指す社会の姿　アルコールのリスクを知り予防する社会、依存症からの回復を応援する社会、立ち直った人たちがその経験を生かせる社会
影響を受けた人　クラウディア・ブラック（米国ソーシャルワーカー）、20代の頃にラルフ・ネーダー（米国の社会運動家）の講演で聞いた言葉「若者が就職できる場をつくり、専門家を引き入れろ」
応援している新市民　リカバリーパレード「回復の祭典」

団体プロフィール

活動拠点　東京都
活動開始年　1983年
法人形態　NPO法人2000年設立
年間活動費　約1億円（収益事業を行う会社部分含む）
　内訳　自主事業約90%、委託・助成金約5%、寄付・会費5%
有給職員数　12人（会社スタッフ11人含む）
ホームページ　http://www.ask.or.jp/
連絡先　〒103-0007東京都中央区日本橋浜町3-16-7 7F
☎ 03-3249-2551　FAX 03-3249-2553

「イッキ飲ませ」や飲酒運転で命が奪われ、アルコール依存症が女性や若者にも広がる。アルコールが引き起こす問題の深刻さを訴え、対策を求める活動を32年間続けている。

　家族がアルコール依存症だった。みんなが心配しているのに、なぜ体を壊すまで飲み続けるのか。東京芸大、メキシコのグアナファト大の大学院で織物を学んだ後、雑誌のライターをしながら、依存症の家族の会に通った。「依存症は治療が必要な病気」と聞き、長年のなぞが解けた。

　83年、27歳のとき、アルコール問題の全国市民協会が設立された。「依存症のことを正しく知ってほしい」と参加し、翌年、代表に就任。会として出版や研修で資金を得ながら活動するうちに、生涯をかけるべき仕事だと感じた。

　設立当時は酎ハイブーム。若者、女性が気軽に飲み出した。中高生の実態調査をすると、飲酒は珍しくない。健康教育が必要だと提言し、いまは小学校でも始まった。

　酒の自動販売機の撤去を求める運動もした。自販機で酒を買える国は日本だけ。業界を自主規制に追い込んだ。

　飲酒の無理強いを「アルコールハラスメント」（アルハラ）と名づけ、大学の入学期に被害者の遺族と防止キャンペーンをする。最近は胎児に障害を与えるとして妊娠中の飲酒の自粛を呼びかける。

　飲酒運転を予防する運転手用プログラムをつくり、管理職向け通信講座も開いた。

「日本は飲酒に甘い社会」だと思う。だから依存症の発見が遅れる。ひどくなると解雇などで見捨てられる。「病気は予防する。次の課題は早く治療につなげる仕組みです」

そして今、思うこと

　超党派の議員立法、「アルコール健康障害対策基本法」が13年12月に成立し、家族や社会に重大な影響を与える「不適切な飲酒」対策について、国や自治体の責務と理念が明文化された。2年半にわたり準備を進めるなかで、全党の国会議員や関係団体などさまざまな人たちとつながりを持てたのは大きな財産になった。法律は14年6月に施行され、鳥取県では7月に健康障害緊急対策費３００万円の財政措置がされた初めてのケースとなった。

　今後は、この法律を土台に活動する人材育成が課題となる。それには活動を事業化し、収益を生み出していくアイデアと工夫が必要だ。お金がなければ人も雇えず、活動も続けられないのだから。

歌舞伎町で「駆け込み寺」続ける

福祉

日本駆け込み寺（元新宿救護センター）
代表
玄《げん》秀《ひで》盛《もり》さん

パーソナルプロフィール

1956年生まれ（2013年日本に帰化）
活動開始年齢　46歳
職歴　人材派遣会社代表
目指す社会の姿　バーチャルではなく、人と人とが直接関わりを持つ社会
影響を受けた人　酒井大阿闍梨
応援している組織　一般社団法人構想日本

団体プロフィール

活動拠点　新宿区歌舞伎町
活動開始年　2002年
法人形態　NPO法人2002年、公益社団法人2012年設立
年間活動費　6000万円
　内訳　寄付・会費約85%、自主事業約10%、委託・助成金約5%
有給職員数　10人
ホームページ　http://nippon-kakekomidera.jp/
連絡先　〒160-0021東京都新宿区歌舞伎町2-42-3林ビル1F
☎ 03-5291-5720　FAX 03-5272-2401
E-mail info@nippon-kakekomidera.jp

東京・新宿の歌舞伎町。日本最大の歓楽街に「救護センター」を構え、暴力や借金から逃れられない人々の相談を受ける。「歌舞伎町の駆け込み寺」として知られる。

社会の裏表を見てきた。大阪の西成生まれの在日韓国人。父親がつきあう4人の女性の家を転々とし、小中学校を13回転校した。家でもいじめられた。中学卒業後、ひとりで生きていくために、自動車修理工、パチンコ店員、すし職人、大工などをした。

25歳の80年、工事現場に作業員を派遣する会社を神戸で始めた。バブル景気に乗り金融にも手を広げる。情け容赦のない取り立てで「鬼」と呼ばれた。危ない商売。暴力団との抗争が絶えず、殺されかけたこともある。東京に進出、豪遊しながら政治家から裏社会まで人脈を広げ、もめごとの「交渉人」もした。

白血病ウイルスの感染者だとわかったのはそのころだ。千人に1人が発症し、発症すれば1年以内に死ぬ。人の不幸も顧みずカネだけを信じてきた人生がむなしくなった。「人のために何かしたい」

NPO法人をつくり、02年に「救護センター」を開いた。それから4年余。相談は1万件を超える。夫から妻への暴力、親子間の暴力、ヤミ金、ヤクザ絡み、家出……。

ナイフを突きつけた中年男性を説得し、泣き崩れさせたこともある。風俗の女性の数百万円の借金が無効だと法をたてに交渉した。問題を整理し、行政や警察にもつなぐ。

活動は累計約５００人のボランティア、さまざまな人の寄付で支えられている。

「毒をもって毒を制す。ワルだったからできることがある」

そして今、思うこと

目の前の「たった一人を救う」という姿勢は設立から今まで一貫している。相談者は最悪の局面で来るから、問題が解決した後は私のことは忘れてくれていい。けれども、以前の相談者が笑顔で来ることもあり、そんな時は非営利活動をしていてよかったと思う。

最近は刑務所出所者からの相談が増えた。これは解決まで時間も手間もかかる。そのため14年には「自立準備ホーム」を設置し、半年で4人を自立させることができた。また「再チャレンジ支援機構」の理事として出所者の社会復帰のための就労研修も行っている。

15年の春、連携企業により「新宿駆け込み餃子」が開店。就労体験の場が増えることに喜びを感じる。

薬物依存から立ち直る仕組みを

福祉

日本ダルク
代表
近《こん》藤《どう》恒《つね》夫《お》さん

パーソナルプロフィール

1941年生まれ
活動開始年齢　44歳
職歴　船会社の役員
目指す社会の姿　薬物依存などで失敗した人たちがただ放置されるのでなく、再チャレンジできる包摂社会
支えになった書籍　なだいなだ著『アルコール中毒―物語風』、故ロイ・アッセンハイマー神父（ダルク初期の支援者）
応援している新市民　全国にいるダルクの仲間たち

団体プロフィール

活動拠点　東京都
活動開始年　1985年7月
法人形態　任意団体（傘下の団体の中にはNPO法人もある）
年間活動費　2400万円
内訳　自主事業（基本的に代表の講演料・原稿料・NPO法人アパリ理事長としての給与で賄っている）
有給職員数　4人
ホームページ　http://www.darc-dmc.info/
連絡先　〒116-0002東京都新宿区余丁町14-4 AICビル
☎ 03-5925-8686　FAX 03-6457-4773

覚せい剤やシンナーなどの薬物依存者がクスリを断とうと互いに支え合う。自助施設「ダルク」の創設者だ。

自身が覚せい剤の依存者だった。71年、30歳のとき、歯痛に効くと、マージャン仲間の誘いで注射したのが始まり。1日5回に増え、職を失い、サラ金からも金を借りた。入院した病院でも隠れて注射。80年に逮捕、札幌の拘置所に入るまで9年続いた。

やめたくてもどうすればいいか方法が見つからない。裁判の最終陳述で「刑務所にぶち込んでください」と懇願した。判決は「懲役1年2カ月、執行猶予4年」。何とか生まれ変わりたいと思った。

出所後、病院で知り合った米国人神父に誘われ、アルコール依存者同士で悩みを話す場に参加した。神父自身も異国の寂しさからアルコール依存者。そんな仲間に励まされ、東京のアルコール依存者の自助施設で働いた。

薬物依存者にはそんな施設がなかった。頼ってくる人を放っておけなくて、85年に東京・東日暮里の古い一軒家で入所の自助施設「ダルク」を開いた。神父が資金を集め、毎月80万円出してくれた。

回復者がスタッフとなり、全国79施設に広がる。入所者は計約１０００人。平均年齢45歳。会社員や教員の子弟、暴力団員もいる。入所費用は月16万円の自己負担が基本だ。

日本の薬物依存者は約２５０万人ともいわれる。覚せい剤犯罪の受刑者は約1万5千人。再犯率も高い。

「薬物依存は回復可能な病気なのに、司法も医療行政も手を打たない。立ち直るのを支える公的な仕組みをつくってほしい」

そして今、思うこと

活動は全国に広がり、施設数、入所者とも数は数倍に。13年11月には医療、司法、福祉の支援を統合する日本ダルク・インテグレーションセンターを新宿区内に開設。相手にしてくれなかった国との関係も変わり、今では刑務所内でグループワークをやることもできる。

しかし、「無視と放置」という薬物依存症の患者への社会の態度は、基本的に変わっていない。「ダメ、ゼッタイ！」のポスターは、薬物の恐ろしさを強調するあまり、一度失敗したら生涯ダメで立ち直りを応援しない日本の風土を象徴する。

依存症という病気からの回復は「ゴールのないマラソン」。だからこそ、「今日1日やめ続ける」というゴールを設けて、仲間同士で伴走するシステムをつくっていきたい。

ホームレスが売る英国発の雑誌

福祉

ビッグイシュー日本
代表
佐《さ》野《の》章《しょう》二《じ》さん

パーソナルプロフィール

1941年生まれ
活動開始年齢　61歳
職歴　地域プランナー
目指す社会の姿　誰にでも居場所と出番のある社会
影響を受けた書籍　網野善彦著『無縁・公界・楽』
応援している新市民　NPO法人スマイルスタイルの塩山諒代表

団体プロフィール

活動拠点　大阪市
活動開始年　2003年
法人形態　有限会社2003年設立
年間活動費　約1億3000万円／NPO法人ビッグイシュー基金に5000万円の寄付
有給職員数　21人／NPO法人ビッグイシュー基金8人
ホームページ　http://www.bigissue.jp/
連絡先　〒530-0003大阪市北区堂島2-3-2 堂北ビル4F
☎ 06-6344-2260　FAX 06-6457-1358

ホームレスの人だけが街頭で販売できる雑誌「ビッグイシュー日本版」を発行している。英国で91年創刊、14年では35ヵ国に広がる自立支援事業だ。

街頭での売値は1冊３５０円。ホームレスの販売員が１７０円で仕入れ、差額１８０円を収入とする。１日平均20～30冊で収入は数千円。宿に泊まれ、貯金すれば部屋を借り、住所を持てるようになる。

もとは「地域プランナー」。立命館大から民間研究機関などを経て独立、主に関西で自治体や企業にまちづくりの助言をしていた。01年、60歳を機に大阪で深刻なホームレス問題の研究会を始めた。

雑誌を知ったのはそのときだ。女性スタッフ（現日本版編集長）が英国を訪問、「大阪の野宿者は約１万人」と知った相手が数の多さに驚いて協力を約束してくれた。その後の交渉に加わった長女からも発行の決断を迫られた。

腰が引けた。出版不況、販売員の組織化、路上販売の許可、資金集めなど難題だらけ。出版関係者らに「失敗する」と忠告された。それでも有限会社を設立、転身した。「助言者」から、売れなければ倒産する「当事者」へ。

「ホームレスをパートナーとしてビジネスで自立を促す、という発想と手法がおもしろい。ほかの社会問題の解決にも応用できる。日本で成功してみせると腹を決めた」

日本版を03年９月創刊。各地のホームレス支援団体の協力で販売員を集める。いまは京阪神、首都圏などの15都道府県で計約１５０人が月２回各３万部を売る。客は女性が多く常連が７割。互いに顔を覚え、あいさつする。雑誌がホームレスと市民をつなぎ始めた。

そして今、思うこと

リーマンショック後、「年越し派遣村」の運動で、生活保護が受けやすくなり、高齢者のホームレスは大きく減った。一方、若いホームレスが増えているが、マクドナルドやネットカフェで夜を明かすため、実態がつかみにくい。07年に「ビッグイシュー基金」というＮＰＯ法人も作り、ホームレスの社会復帰を支援している。

人は仕事を失うだけではホームレスにはならない。社会的に孤立してアルコールやギャンブル依存になることも原因の一つである。スポーツや文化活動を通じて意欲や人間関係を取り戻す活動と、ホームレスをなくすための調査と政策提言をしている。

「地元で死にたい」を支える

福祉

なごみの里
代表
柴《しば》田《た》久《く》美《み》子《こ》さん

パーソナルプロフィール

1952年生まれ
活動開始年齢　50歳
職歴　飲食店経営、マクドナルド店長、ヘルパー
目指す社会の姿　最期の時、全ての人が愛されていると感じられる社会
支えになった映画　千葉茂樹監督映画「マザーテレサとその世界」
応援している新市民　一般社団法人ふるびら和みの本間利和子代表

団体プロフィール

活動拠点　岡山市
活動開始年　2000年
法人形態　一般社団法人2011年設立
年間活動費　1200万円
　内訳　自主事業75%、寄付会費25%
有給職員数　2人
ホームページ　http://nagominosato.org/
連絡先　〒701-1154岡山県岡山市北区田益582番地
☎/FAX 0867-28-5772

島根県の港から船で約2時間。隠岐の知夫里《ちぶり》島で「看取《みと》りの家」を運営していた。寝たきりになった高齢者を介護し、安らかな自然死を迎えられるように支える場だ。

同県出雲市出身。日本マクドナルドに16年勤め、秘書から売り上げ1位の店長に。体をこわし離婚もした。93年、40歳で特別養護老人ホームのヘルパーになった。

そこで親しくなった高齢者の死に胸を締めつけられた。衰弱すると病院に移され、点滴などのチューブにつながれて、家族も立ち会えぬまま孤独に息を引き取った。そんな例が少なくなかった。

「人間らしい死」が可能な場所はどこか。人口７７０人の知夫里島は在宅死亡率が75％と高く、医師1人の診療所しかないから入院のしようがない。98年、島の社会福祉協議会のヘルパーに転じた。

そんな島でも特別養護老人ホームがないため、障害が重くなると島外に出ざるを得ない。「島で死にたい」という高齢者のために02年、海辺の小さな平屋を買って「看取りの家」を開いた。

高齢者4人をスタッフやボランティア10人以上が24時間体制で生活の世話をし、車いすで散歩もする。畳の3部屋。自宅の雰囲気だ。

「看取りの家」は本土にも作ったが、14年にやめた。その後は全国の看取り見守りボランティア「エンゼルチーム」とともに、在宅看取り支援を中心に活動する。

慣れ親しんだ地域で死ぬ。そう願う高齢者を丁寧に支える場が増えてほしいと思う。

「死者は看取った人々に生きる力を与え、命の尊さを伝えるんです」

そして今、思うこと

現在は拠点を本土に移し、臨終から納棺までのすべてをトータルコーディネートする看取りの専門家「看取り士」として活動している。当初は「看取りの家」として高齢者をお預かりする場所を提供していたが、団塊の世代が75歳以上になる25年を見据え、「地元で死にたいを支える」から、「自宅で死にたいを支える」へと、活動の内容を変えた。15年5月現在、私を含め看取り士は全国に61人。地域の人たちの支え合い（互助）組織、看取り見守りボランティア「エンゼルチーム」は、全国97支部を数える。これからも私たちは、高齢者の幸せこそが豊かな日本を創る道と信じ活動を続けていく。

苦しみ共にし、高齢者支援

福祉

ケアタウン浅間温泉
代表理事
神宮寺住職
高《たか》橋《はし》卓《たく》志《し》さん

パーソナルプロフィール

1948年生まれ
活動開始年齢 28歳
職歴 僧侶(現在も)
目指す社会の姿 誰もが自分が存在する意味(有用感)を感じながら、それぞれがもつ能力を発揮できる社会
影響を受けた人 丸木(まるき)位里(いり)・俊(とし)さん夫婦(「原爆の図」制作者・画家)
応援している新市民 「いのち」にかかわるすべての組織

団体プロフィール

活動拠点 松本市
活動開始年 2002年
法人形態 NPO法人2002年設立
年間活動費 8000万円
　内訳 事業費93.4%、寄付金・会費0.4%、その他6.2%
有給職員数 8人
ホームページ http://caretown.org/
連絡先 〒390-0303 長野県松本市浅間温泉3-31-28
☎ 0263-46-6010　FAX 0263-46-2208

旧ソ連の原発事故の被災者やタイのエイズウイルス感染者を支援し、地元の長野県松本市で地域福祉の仕組みづくりに取り組む。「生《しょう》・老・病・死」。人間の苦しみに向き合う活動を内外で続ける。

松本市にある臨済宗の神宮寺《じんぐうじ》で生まれ、龍谷大から2年の修行を経て寺に戻った。

78年、29歳のときに戦没者の慰霊行でニューギニアの島を訪ねた。米軍の火炎放射で死んだ洞窟《どうくつ》の日本兵は約千人。泥の下には人骨が散らばる。読経を始めると、女性が泥につっぷして号泣した。結婚3ヵ月で召兵された夫の戦死の現実を知ったからだ。

それ以来、いのちの重みを考えるようになった。

脱原発に関心を持っていた91年、旧ソ連の情報公開でチェルノブイリ原発事故の現場に入れた。たまたま出会った母親に「日本で治療を」と懇願された6歳の男児がまもなく死ぬ。悔しかった。それから信州大の医療チームとともに現地で治療するシステムをつくり、資金集めもする。6年で36回通い、現地主導で運営できるよう後押しした。

97年、「感染爆発」するタイのエイズ問題にかかわった。自ら感染しながら夫をみとり、子育てをする女性の姿にいたたまれなかった。女性たちが日本向けの作務衣を縫い、抗エイズ薬や養育の費用を稼げる事業を立ち上げた。

03年、松本市の廃業した温泉旅館を借り、通所介護施設にした。さまざまな悩みを抱える高齢者らの問題を解決する拠点をめざしている。

人の苦しみを現場で共に感じる「共苦」が活動を続ける力の源泉だ。日本の寺の再生にも必要だと考えている。

そして今、思うこと

団塊世代７００万人が退職し、超高齢社会は現実になった。認知症や精神をわずらう人も増えているが、対策は後手に回っている。安全という言葉に頼り切り「豊かさ」を享受していた私たちに、福島第一原発の事故は警鐘を鳴らした。だが30年前、ぼくの目には、こんにち起きていることが見えていた。

だから、廃業した温泉旅館を借りて高齢者を受け入れ、相談組織を充実させて成年後見制度を動かした。チェルノブイリ支援で築いた人脈や方策を実現するため南相馬に入ったのは東日本大震災後3日目のことだった。「生老病死＝いのち」にまつわりつく「苦」をワンストップで受け入れケアする。それがぼくの感覚であり実践意識になっている。それはずっと変わっていない。

知的障害者の職場をつくる

福祉

ぱれっと
理事
谷《たに》口《ぐち》奈《な》保《お》子《こ》さん

パーソナルプロフィール

1942年生まれ
活動開始年齢　40歳
職歴　主婦
目指す社会の姿　障害を持つ人が人として当たり前の生活ができる社会
影響を受けたこと　いろんな人に出会い一緒に活動する中で、影響を受けたりやりがいを感じたりする。
期待している新市民　NPO法人かものはしプロジェクトの村田早耶香代表

団体プロフィール

活動拠点　東京都
活動開始年　1983年
法人形態　NPO法人2002年設立
年間活動費　1億0980万円
　内訳　事業収入76.7%、補助金12.1%、寄付4.8%、会費3.2%など
有給職員数　13人
ホームページ　http://www.npo-palette.or.jp
連絡先　〒150-0011渋谷区東3-19-9 恵比寿イーストビル101
☎ 03-5766-7302　FAX 03-3409-3790

知的障害者がお金を稼いで自立するために、クッキーやドーナツを焼いたり、手作りの髪留めを売ったり、レストランで接客もする。東京都渋谷区を拠点に、そんな職場づくりに挑んだ先駆者として知られる。

4歳の娘を小児がんで亡くした。「同じ難病で死と向き合う子どもを支えたい」。そう思って病院のボランティアを3年。専門知識が必要だと感じ、母校の明治学院大に編入し福祉を一から学んだ。

知的障害者に出会ったのはそのときだ。養護学校の教育実習で、彼らの生きるエネルギーに目を見張った。その学校で高校生を担当する週1日の「先生ボランティア」を2年余。課題も見えてきた。

当時は卒業生のほとんどが福祉作業所に通い、企業の下請け作業で月3千円足らずの工賃を得ていた。「自立につながる選択肢があるべきだ。身近なクッキーならわかりやすく、売れれば日銭が入る」

85年、43歳で「福祉作業所おかし屋ぱれっと」を始めた。「朝から夕まで働かせすぎ」などと非難されながら、おいしさが人気を呼び、年2400万円売るまでになった。いまは障害者16人に平均月給4万3千円、ボーナス年2ヵ月分を出す。91年には「一般の人に混ざって働く場」として会社組織でスリランカ料理のレストランをオープン。12年には店を閉めたが、自信をつけた何人かは企業に転職。外資系企業の協力で英会話に挑戦する者もいる。

地域に出会いの場、一般の人との共同生活の場も設ける。スリランカで知的障害者によるクッキーづくりも進めている。

「たまたま障害があっても当たり前に生活できるようにする。そんな社会にしたい」

そして今、思うこと

個人や一つのNPOでやるのは限界がある。企業や行政、地域と結びつき、お互いが融合する中で知恵が浮かび新しい形が生まれる。社会を変える、新しいものを生み出そうとすれば悲壮感だけではだめ。自分自身が胸をわくわくさせながらやれるやり方を考えることだ。

二年前に理事長をやめて世代交代をしたのも、常に発想を柔軟にすることが大事だと思っていたから。いまの相馬宏昭理事長（50歳）は大学生の時からボランティアとしてぱれっとで活動してきた。若いスタッフにいろんな経験を積ませ、次世代の後継者として育てることを意識しながら運営することも先達の大事な役割だと思う。

「仕事の国」から「暮らしの国」へ

福祉

長久手市長
(元愛知たいようの杜理事長)
吉《よし》田《だ》一《いっ》平《ぺい》さん

パーソナルプロフィール

1946年生まれ

目指す社会の姿　地域に暮らす人たちが自分たちで地域の課題を考え、解決する社会。誰もが地域に役割と居場所がある社会。

影響を受けた書籍　『パパラギ』(はじめて文明を見た南海の酋長ツイアビの演説集)

連絡先：長久手市役所　0561-63-1111

団体プロフィール（社会福祉法人愛知たいようの杜）

活動拠点　長久手市

活動開始年　1987年

法人形態　社会福祉法人1987年設立

ホームページ　http://gojikaramura.jp/

連絡先　〒480-1148愛知県長久手市根嶽1201
☎0561-62-5151

＊吉田一平さんは平成23年６月に退職し、現在は団体とは関係ありません。

05年の愛知万博会場となった愛知県長久手市。愛知たいようの杜では、全国で注目される多世代交流型の高齢者介護施設「ほどほど横丁」を03年から運営していた。

町の中心部に木造の住居やヘルパーの拠点などが3棟。住居の1階の個室に要介護度3～5の高齢者13人が暮らしていた。しかし、吹き抜けの食堂から見える2階に住むのはOL4人、保育園児と小学生のいる1家族。ヘルパーらが行き交う中、縁側から近所の人が訪れ、子どもが走り回る。「長屋」の雰囲気だ。

「年寄りとヘルパーだけだと仕事の関係。そこにOLや子どもが加わると暮らしの関係になる。仕事のようにきちっとせず、ほどほどでいい。年寄りも立つ瀬ができる」

この町で生まれ育った。名古屋の高校から地元の鉄鋼商社で「猛烈社員」を15年。町で消防分団長をするうちに地域活動に目覚め、79年、33歳で退社した。

宅地開発の時期。雑木林を守りたいと、親の土地で幼稚園を始めた。自分が幼いころのように、子どもたちを自然の中で遊ばせた。共有地の里山では地域の要望で特別養護老人ホームを開設。学生らを「宿直」として居候させ、庭でアヒルやヤギを飼った。

ほかの幼稚園や老人ホームを見学すると、効率を追求する「仕事場」に思えた。「安全、快適、便利」から「不便、わずらわしい」関係になれば、多くの人に居場所ができ、老いても支え合えるのではないか。「仕事の国」から「暮らしの国」へと考える。

高齢者施設や幼稚園を運営する里山の雑木林。その一角に新たな「わずらわしい一戸建ての村」をつくるのが夢だ。

そして今、思うこと

日本の人口が減り始めて、山の頂上を目指していた時代から、降りていく時代に変わった。高齢化が進み、子どもと高齢者を合わせた働かない人と、働く人の人数が逆転しつつある。働く人は時間に追われて目的に向かう集団だが、働かない人は時間に追われず、いろんな人が一緒に暮らしている。いつも未完成で、結果ではなくプロセスを楽しんでいる。

11年に市長（当時は町長）になり、職員には「失敗してもいい、遠回りしてもいい」と言ってきた。国のほうを向いて、国の目標に向かって走るのではなく、いろんな住民と向き合っていこうとすると遠回りせざるをえないからだ。山から降りるときには360度あらゆる方向に向かうことができる。答えはひとつではない。

里山を「エコリゾート」に

赤目の里山を育てる会
理事長

伊《い》井《い》野《の》雄《ゆう》二《じ》さん

パーソナルプロフィール

1954年生まれ
活動開始年齢　35歳
職歴　メディカルソーシャルワーカー（MSW医療相談員）
目指す社会の姿　小規模・分散・自立・連携
影響を受けた人　守山弘・山岡義典の両氏
応援している新市民　NPO法人小さな種・こころの清水幸次代表

団体プロフィール

活動拠点　名張市
活動開始年　1996年
法人形態　NPO法人1998年設立
年間活動費　3000万円
　内訳　事業収入85%、委託費10%、寄付5%
有給職員数　10人
ホームページ　http://akame-satoyama.org/
連絡先　〒518-0762三重県名張市上三谷268－1
TEX 0595-64-0051　FAX 0595-48-6501
E-mail office@akame-satoyama.org

大阪から電車で1時間余の三重県名張市。唯一残る里山の、ゴルフ場計画を阻むための対案として、ペンション「エコリゾート赤目の森」をつくった。その運営を14年。「里山の伝道師」ともいわれる。

最初は福祉をめざした。小児マヒの影響で右足が思うように動かない。故郷の鳥取県の山間部から愛知県の日本福祉大へ。卒業後、自然治癒力を引き出して成人病を治すという医師に共鳴し、名張の赤目養生所の事務長になった。

里山の雑木林は患者が散策し生気を取り戻す場だ。ゴルフ場反対の先頭に立った。２００ヘクタールの地権者約４００人の大半がゴルフ場に賛成する中で、地元の雇用や都市住民との交流につながるペンションを提案、支援者らの1億円余で建設して支配人に転じた。

バブル崩壊でゴルフ場計画が消えると、今度は産廃処分場計画が浮上する。96年には土地を買い取って保全するナショナルトラストも始めた。

里道を復元し、子どもの遊べる広場や観察池をつくり、環境教育の場にもする。近くの小学校は4年生が春夏秋冬の年4回、里山を訪れ、絵を描く授業を9年続けている。

経営は楽ではない。03年から介護保険のデイサービスを始めた。スタッフがヘルパーの資格をとり、高齢者数人を連日受け入れる。平日や冬季の収入増で一息ついた。

日本人は数千年、里山を育て、里山に育てられてきた。「日本の原風景といえる里山を次の世代に残す責任がある」

そして今、思うこと

病院勤務10年、ペンション経営10年、老人介護10年を経て、新たな事業展開として障がい者就労支援多機能型事業所を昨年の12月からはじめた。里山にエコリゾート赤目の森を始めて22年が過ぎ、当初の目的の「人々が集い交流する場」としての機能がますます高まっている。年中、どこかの国のボランティアが滞在し事業を手伝っている。今は「キノコ栽培・販売」を中心に取り組み、里山の木々を利用した木質ペレットや着火材なども販売する。

伊賀の地のＮＰＯ＋企業仲間の連携にも参加して、7次産業化と呼んでいる「イガグリプロジェクト」を立ち上げ、「栗」の生産加工販売が次のビジネスとして視界に入っている。ＮＰＯの真価が問われるのは「伊賀の地」から、と言われるか。

足元の自然は宝物だった

霧多布湿原ナショナルトラスト
理事長
三《さん》膳《ぜん》時《とき》子《こ》さん

パーソナルプロフィール

1957年生まれ
活動開始年齢　43歳
職歴　主婦
目指す社会の姿　皆、健康で質素な生活を今一度、見直す時ではないでしょうか。
影響を受けた書籍　山内道雄著『離島発・生き残るための10の戦略』
応援している新市民　我が町の何かを変えようとしている若者たち

団体プロフィール

活動拠点　霧多布湿原
活動開始年　1986年
法人形態　NPO法人2000年設立
年間活動費　7641万円
　内訳　事業64.6%、寄付19.5%、助成金・補助金10.2%、会費5.6%
有給職員数　9人
ホームページ　http://www.kiritappu.or.jp/
連絡先　〒088-1531北海道厚岸郡浜中町仲の浜122
☎ 0153-62-4600 FAX 0153-62-4700

「花の湿原」と呼ばれる北海道東部の霧多布湿原。ラムサール条約にも登録されている。その中の私有地を買い取って自然を守るナショナルトラスト運動を続けている。

地元の浜中町で生まれ育った。目の前に太平洋、振り向けば湿原が広がる。父親は漁師。幼いころから浜辺でコンブを干すのを手伝い、台所から見える湿原で遊んだ。

札幌で短大と会社勤めを4年。ふるさとに戻って漁師と結婚した。そのころ、湿原に魅せられた脱サラ男性が東京から家族で移住し、湿原のすぐそばに喫茶店を開いた。

常連になった。都会から花や野鳥の愛好家らが集まり、自分の絵や写真、図鑑をみせながら湿原の魅力を話してくれた。夏の湿原を覆うワタスゲの白、エゾカンゾウの黄色、ノハナショウブの紫。タンチョウの舞……。

「私にとって当たり前のものが当たり前ではない。ここはすごいところなんだ」

86年、喫茶店主や地元の若者たちと「霧多布湿原ファンクラブ」をつくった。年会費千円の会員が道内外から約千人。その資金で地主から土地を借り上げ、物置や土捨て場になるのを防いだ。00年、ＮＰＯ法人になり、土地の買い取りを始めた。地主が相続の時期を迎えていたからだ。

湿原は国内で3番目に大きい３１６８ヘクタール。その3分の1が私有地だ。14年9月現在で８２１ヘクタールまで買った。地主約２００人に毎年手紙を書き、連絡をもらえば駆けつける。会員は全国約２３６０人に増えた。最初は冷ややかだった住民も応援してくれる。

「小さな力が集まれば大きな夢をかなえられる」が合言葉だ。

そして今、思うこと

ナショナルトラスト運動として、湿原エリアだけではなく、湿原を取り囲む森林や川の上流域の私有地も買い上げを始めた。山守的人材の確保が貴重な事業展開になる。

地域とともにありたいという思いは、環境、人づくり、まちづくり分野も入る。ＮＰＯ活動とは幅が広くやりがいがあると同時に、難しい立ち位置の時もあり、一呼吸も二呼吸も置くことを学んだ。世代交代も難しい。組織が大きくなると第一世代の思いが薄れ、単なる仕事という部分も出てくる。顔が見えるコミニュケーションのとりやすい規模がベストだ。

今、地元ではＮＰＯで働きたいという人や、企業体験としてＮＰＯを選んでくれる学生が出てきた。うれしい限りだ。

きれいな大地を子孫に残す

日本地質汚染審査機構
理事長
楡《にれ》井《い》久《ひさし》さん

パーソナルプロフィール

1940年生まれ
活動開始年齢　61歳
職歴　千葉県環境研究センター地質環境研究室長、茨城大学広域水圏環境科学研究センター所長
目指す社会の姿　戦争のない社会が一番だが、日本はその前に戦後の高度成長期の負の遺産として抱える地質汚染等を解消し、美しい国土を取り戻すこと。
影響を受けた人　ネルソン・マンデラ
応援している新市民　人類の幸福と地球上の地質環境問題解決のために、正しい科学運動をする新市民

団体プロフィール

活動拠点　全国
活動開始年　2001年
法人形態　NPO法人2001年設立
年間活動費　1437万円
　内訳　自主事業90%、寄付・会費10%、委託・助成金0%
有給職員数　2人（非常勤）
ホームページ　http://www.npo-geopol.or.jp/
連絡先　〒262-0033千葉市花見川区幕張本郷5-24-1 ローズハイツ1号
☎ 043-213-8507　FAX 043-213-8508
E-mail office@npo-geopol.or.jp

環境

見えない地下の汚染に警鐘を鳴らす。市民の側に立つ地質汚染研究の第一人者だ。

千葉県庁の研究者だった。福島県の会津出身。山歩きと地層の観察が好きで地質学を学んだ。大阪市立大学院の博士課程後、70年に千葉県から声がかかった。地盤沈下が年25センチも進んだ時期。原因とされた工業用の地下水くみ上げを規制するための研究を期待された。地下水の水質を悪化させないために、一定量は利用したほうがいい。そう主張したのに、くみ上げは過剰に制限された。「公害行政は地下水の水質に関心がなかった。そのツケは必ず大地にまわる」

恐れたとおり、工場や産業廃棄物の処分地、農地、ゴルフ場から有害物質が地下に浸透した。80年代に入って地質汚染が深刻化した。ボーリングし、汚染物質がたまっている地層を特定。汚染された地下水脈の構造を解明した上で有害物質を取り除く。

90年代半ば、この「単元調査法」で初めて完全浄化に成功した。千葉県我孫子市に協力を頼まれた日立精機の工場跡地にマンションが建った。

この調査法を全国に広めようとNPO法人を設立。茨城大教授を経て06春から理事長。浄化を審査し、独自の地質汚染診断士を認証する。研修会は約１３００人が受けた。

環境省や業界が主導する土壌汚染対策法の調査法に疑問を投げかける。ボーリングしても地層に注意を払わないから、汚染を見逃し、さらに広げかねない。「目先の再開発を優先した結果」に見える。

「きれいな大地を残すために、子孫に恥じないことをしたい」

そして今、思うこと

当機構の汚染調査手法「新しい単元間単元調査法」の更新がされてきた。それで独自の資格認証事業として、従来の「地質汚染診断士」に加え、「宅地の地層液流動化診断士」「放射性物質地質汚染診断士」などにも広げ、現在では、それらの複合汚染・災害を総合的に診断できる「総合宅地理学診断士」の認証もしている。会員には「モグラGeo-Ecoニュースレター」を年4回発行、市民層を対象としたセミナーも毎月末に持ち、第１７３回になっている。国際的な学術交流も図っている。

今後も、中立性　科学性を守り「美しい国土の修復をめざして—地球とみらいの子どもたちのために—」をモットーに頑張っていきたいが、財政的には厳しい状況が続いている。

環境

みんなで「森の健康診断」を

矢作川水系森林ボランティア協議会
代表
丹《に》羽《わ》健《けん》司《じ》さん

パーソナルプロフィール

1953年生まれ
活動開始年齢　50歳
職歴　公務員
目指す社会の姿　安心してサボれる社会
支えになった書籍　島崎洋路著『山造り承ります』
応援している新市民　山形県しらたか木の駅実行委員会代表・小林真さん

団体プロフィール

活動拠点　愛知県豊田市
活動開始年　2004年
法人形態　任意団体　2004年設立
年間活動費　約300万円
　内訳　会費、寄付など
有給職員数　0人
ホームページ　http://www.mori-gis.org
連絡先　〒444-2816 愛知県豊田市杉本町三斗成1-3

大勢の市民が一斉に森を調査し、研究者とともに森づくりの提言をする。「森の健康診断」を愛知県の矢《や》作《はぎ》川流域で全国にさきがけて始めた。

行動派の公務員。信州大農学部を出て農家で修業した後、農水省東海農政局に入った。統計情報の仕事をしながら、勤務外に有機農業を後押しする運動をした。

森にかかわったのは01年、矢作川中流の豊田市の出張所に異動してからだ。上流の山林が前年の東海豪雨で大きな被害を受けていた。各地を回ると、スギやヒノキの人工林が間伐もされず荒れている。その影響は明らかだった。

山主の意識調査をした。手入れされない放置林の割合は林業のプロの間で60~80%といわれるのに、約千人の山主へのアンケートでは40%前後。放置の自覚のない「素人山主」が大半だと知った。

勤務外に森林ボランティアに取り組んだ。元信州大教授に山造りを学び、地元の林業家の協力で都市住民向けの「きこり塾」を開いた。

「素人山主も一緒に勉強すればいい」。そのきっかけとして考えたのが「森の健康診断」だ。05年６月の第１回では一般市民ら約２００人が、２キロおきの１０６地点で樹木の込み具合や植生など約50項目を調べた。森林ボランティアがリーダー役をし、研究者がデータを解析した。

広域調査で間伐の緊急度が科学的に裏づけられるだけではない。多くの人が調査に訪れることで、素人山主は山の大切さに気づく。この手法は各地に広がりつつある。

楽しく少しためになるから市民が参加する。「だれもが気軽に森づくりに貢献できます」

そして今、思うこと

「森の健康診断」は、この10年で計40都道府県に広がった。09年からは、荒れた森と過疎地の経済を共に再生させる「木の駅」プロジェクトも立ち上げ、これまで計24府県で展開している。

各地区内に設けた「木の駅」で間伐材を高値で買い取り、その代金として、地元商店でしか使えない地域通貨を渡す。森の健全な成長に欠かせない間伐作業を森林の所有者に促し、地域内でお金を循環させる。行政依存から抜け出し、自分たちの村のことは自分たちで決める「森の自治」を根付かせる試みだ。

行政に頼らず、むやみに対立もしない。その立ち位置を保ち、ぶれずに活動を続ける。難しいことだが、ずっと心がけてきた。

温暖化防止に本気で取り組め

環境

気候ネットワーク
理事
平《ひら》田《た》仁《きみ》子《こ》さん

パーソナルプロフィール

1970年生まれ
活動開始年齢　27歳
職歴　出版社社員
目指す社会の姿　やさしさのある社会
影響を受けた書籍・人　アル・ゴア著『地球の掟』、日本ボランティアセンター特別顧問の星野昌子さん

団体プロフィール

活動拠点　京都府・東京都
活動開始年　1998年
法人形態　NPO法人1998年設立
年間活動費　5200万円
　内訳　委託・助成金70%、自主事業20%、寄付・会費10%
有給職員数　10名
ホームページ　http://www.kikonet.org/
連絡先　〒604-8124 京都市中京区帯屋町574番地高倉ビル305号
☎ 075-254-1011　FAX 075-254-1012
E-mail kyoto@kikonet.org

地球温暖化防止に本気で取り組むよう日本政府に働きかけ、国際交渉、国内政策に対する提言活動を続けている。

　聖心女子大生のころ、学外のＮＧＯにかかわり、92年の「地球サミット」で温暖化の深刻さを知った。「重大な問題なのに政府も企業も国際社会も手を打たないのはおかしい。ＮＧＯなら解決できるかもしれない」と思った。ラジオ講座で英語を勉強しながら出版社に3年半。米国のＮＧＯに学ぼうと図書館で情報をかき集め、やっと受け入れてくれたワシントンの気候研究所に転じた。

　1年後の97年、温暖化防止京都会議（ＣＯＰ３）を機に帰国。翌98年、約１５０の環境団体でつくる気候ネットワーク（本部・京都）の設立の際、東京事務所の常勤スタッフに加えてもらった。27歳のときだ。

　毎年開かれる温暖化防止の国際会議に行く。世界１００ヵ国、約９００団体の環境団体で作る「気候行動ネットワーク」（ＣＡＮ）と連携し、いち早く情報をとり、会議の足を引っ張りがちな日本政府にクギを刺す。会議場で連日発行する日本語情報紙が武器だ。

　国内政策では04年、ネットワークの研究者らと、政府・産業界の無為無策ぶりを分析し、温室効果ガスの排出量の削減方法を示す提言を出した。これをもとに関係省庁と対話。２０１２年、石油や石炭関連の税に税率を上乗せして環境税がやっと導入された。でも「税率が低くて効果がない」と本格的な税の導入を求めていく。

「世界の排出量がこのまま増えれば、取り返しのつかない恐るべき被害が起きる」。05年1月に長男を出産した。「この子が20歳になるまでが勝負です」

そして今、思うこと

　現在も、気候変動問題に取り組み、温室効果ガス排出を大幅に減らす社会づくりに向けた提言を続けている。最近は、原発も温暖化もない未来のためにエネルギー問題に力を注ぐ。ＮＧＯの国際連携も強めており、世界の仲間と戦略を共有したり、長年培った人的ネットワークを強みに感じる。ＮＧＯの国際的ネットワーク「CAN International」の理事も務める。活動歴は18年に。

　しかし、気候変動問題の深刻さはさらに増し、日本の行動も伴わないままだ。活動の厳しさや自らの至らなさ、限界を実感する連続だ。ＮＧＯはより良い日本社会、世界をつくる核になるとの確信は揺らがないものの、担い手・支援者ともにＮＧＯの裾野が広がらないことは、日本社会の弱さだと考えている。

生ごみを宝に変えるんです

伊万里はちがめプラン
理事長
福《ふく》田《だ》俊《とし》明《あき》さん

パーソナルプロフィール

1941年生まれ
活動開始年齢　52歳
職歴　レストランのオーナーシェフ（現職）
目指す社会の姿　地域資源を活用した循環型社会
活動を始めた原点　生ごみを可燃ごみとして市民の税金で焼却処分していることのおかしさに気付いたから
応援している新市民　いまり菜の花の会

団体プロフィール

活動拠点　佐賀県
活動開始年　1992年
法人形態　NPO法人2000年設立
年間活動費　1600万円
　内訳　自主事業約81%、寄付・会費約13%、委託・助成金約6%
有給職員数　5人
ホームページ　http://www.hachigame-plan.org/
連絡先　〒848-0022佐賀県伊万里市大坪町乙2436-1
☎ 0955-22-4058　Email hatigame@orion.ocn.ne.jp

環境

全国でも珍しい住民主導の生ごみリサイクルを佐賀県伊万里市で進めている。

レストランの経営者。店で出る残飯などの生ごみはかつて、養豚業者がエサとして引き取ってくれた。それが約20年前に途絶える。配合飼料に切り替えたからだ。「もったいない」と思った。地元の農林高校の畜産科出身。生ごみのありがたさは身にしみている。豚のエサ当番の日はリヤカーを引いて半日かけて飲食店を回った。

「堆肥《たいひ》にできないか」。伊万里市に相談すると、生ごみも焼却すると一《いっ》蹴《しゅう》された。当時は飲食店組合の事務局長。「市民にもうけさせてもらっているのに、そのカスを市民の税金で燃やしていいのか」。92年、堆肥化の研究会を始め、試行錯誤を重ねた。人の輪が広がり、佐賀大農学部の助教授も助言してくれた。

念願の堆肥化プラントが動き出したのは00年。市内で発生する生ごみの10～15％を処理する。1日約2トンの生ごみを回収、１００日かけて微生物の働きで熟成させ、1日約８００キロの堆肥にする。14年現在、共鳴した家庭２５０世帯、スーパーなど71事業所が生ごみを出す。1世帯が月５００円、事業所は5千～10万円の「資源化負担金」も払う。堆肥は10キロ３００円で販売。それらの収入約１４００万円と寄付や助成金で経費を賄う。

堆肥で栽培した野菜や菜種油の直売所も設けた。協力農家は45人。地元の小学校で地域の資源循環を教える。タイにも指南役で招かれた。

「はちがめ」は生きる化石といわれるカブトガニの方言。「生ごみを宝に」という活動が長く続くように組織の名前にした。

そして今、思うこと

自分たちがやっている、生ごみの堆肥化や廃食油の燃料化、菜の花栽培などは、単一の事業としては特別な取り組みではないが、この複合的な活動の運営に地域住民が自主的、積極的に参加し、また有償で事業を支え合う構造を作っている点が最大の特徴。全国でも稀有な地域コミュニティー活動を構築してきた。最近では長年の活動を総括し、(1)環境教育・体験学習の場、(2)他の地域や将来世代に活動を伝える「マニュアル化」、(3)他地域への活動・技術の移転・普及のための支援に力を入れている。

食資源の循環活動を各地に広め、経費の節約と共に二酸化炭素を抑制し、地球温暖化防止に貢献することを目指している。

菜の花で農地を「油田」に

環境

菜の花プロジェクトネットワーク
理事長

藤《ふじ》井《い》絢《あや》子《こ》さん

パーソナルプロフィール

1946年生まれ
活動開始年令　25歳
職歴　湖南消費生活協同組合副理事長、滋賀県環境生活協同組合理事長
目指す社会の姿　助け合いをベースに食料・エネルギーが自立する多様な地域が輝く社会
影響を受けた書籍　石牟礼道子著『苦海浄土』
期待する新市民　菜の花プロジェクトメンバーのNPO、特にNPO法人「愛のまちエコ倶楽部」「碧いびわ湖」

団体プロフィール

活動拠点　滋賀県
活動開始年　1994年
法人形態　NPO法人2006年設立
年間活動費　約800万円
　内訳　助成金80%、寄付20%
有給職員数　パート職員2名
ホームページ　http//www.nanohana.gr.jp
連絡先　〒521-1311滋賀県近江八幡市安土町下豊浦3番地
☎0748-46-4730　FAX 0748-46-4550
E-mail webmaster@nanohana.gr.jp

全国に広がる「菜の花プロジェクト」の創始者である。

菜の花を休耕田に植え、収穫したナタネから油を搾る。それを地域の家庭や学校給食で調理に使い、不要な廃食油は回収してせっけんや車の燃料にする。地域で資源循環の仕組みをつくる試みだ。

琵琶湖から出発した。上智大の大学院時代に結婚、夫の転勤で神奈川県から滋賀県守山市へ。子育てをしながら生協活動をしていた77年、近くの琵琶湖で赤潮を見た。異臭を放つ赤茶色の湖面。「湖が死ぬ」と感じた。

原因の一つは生活排水、当時の合成洗剤に含まれたリンだといわれた。「暮らし方を変えよう」と、合成洗剤の代わりに、せっけんを使う運動に加わる。廃食油からせっけんをつくるリサイクルも生協で進めた。ところが、「無リン」の合成洗剤の登場で、せっけんが売れなくなり、廃食油のヤマができた。

困っているときに知ったのが、ドイツのナタネ油の軽油代替燃料。ドイツではＥＵの食料の減反政策の対象農地で、「エネルギー作物」として菜の花を栽培する。「探していた答えだ」と思った。

滋賀県愛東町（現東近江市）で95年、まず廃食油から燃料をつくるプラントを設けた。「てんぷらのにおい」のする車が人気を集め、廃食油の在庫が消えた。98年には同町で菜の花の栽培を始めた。それが47都道府県の約１６０カ所、韓国にも拡大。農地が「油田」になりつつある。

菜の花の黄色、レンゲの赤、麦の緑。日本の春の風景をよみがえらせたい。「一度失ったものも地域の人々が本気になれば元に戻せます」

そして今、思うこと

菜の花プロジェクトは47都道府県に広がり、全国菜の花サミットも今年は15回目を迎えて発祥の地の東近江市で開かれる。「維持可能な内発的発展」にどこまで迫れているか、など熱い議論が期待される。

11年3月11日は新たな転機となった。福島県では菜の花の景色やバイオ燃料（ＢＤＦ）などの取り組みが進んでいたが、３・11直後には全国からＢＤＦが届けられ、被災地支援の車で活躍した。11年秋から現地ＮＰＯと協働して菜種をまき、南相馬市では南相馬農地再生協議会の立ち上げに協力してサポート体制をつくった。原発に頼らずＢＤＦだけのイルミネーション「菜の花あかり」も始まった。被災地に「菜の花で元気を」と考えている。

首都圏は知らんぷりですか

環境

八ッ場あしたの会
事務局長
渡《わた》辺《なべ》洋《よう》子《こ》さん

パーソナルプロフィール

1957年生まれ
活動開始年齢　44歳
職歴　主婦（今も）
目指す社会の姿　脱ダムの時代
支えになった人　声をあげることができないダム予定地の住民、八ッ場ダム問題に50年近く取り組んできた嶋津暉之さん
応援している新市民　八ッ場あしたの会の若いメンバーたち

団体プロフィール

活動拠点　群馬県
活動開始年　2000年
法人形態　市民団体（八ッ場ダムを考える会1999年設立、2007年に八ツ場あしたの会に）
年間活動費　約180万円
　内訳　寄付・会費55%、委託・助成金30%、自主事業15%
有給職員数　なし（すべて無給ボランティア）
ホームページ　http://yamba-net.org/
連絡先　〒371-0844群馬県前橋市古市町419-23
　☎ 090-4612-7073

首都圏の水の確保という理由で、群馬県長野原町の川原湯温泉街と農村が水没しようとしている。国が利根川水系の吾妻《あがつま》川に計画する八ツ場《やんば》ダムである。

計画から62年。首都圏は実はすでに「水余り」なのに、ふるさとの暮らしと豊かな自然が失われる。「知らんぷりでいいのか」と首都圏の人々に問いかけている。

06年10月には加藤登紀子さんのコンサート「八ツ場、いのちの輝き」を東京都新宿区の日本青年館で催した。八ツ場問題を広く首都圏で訴えるコンサートは初めてだった。

八ツ場に車で1時間余の前橋市に住む。東京で育ち、東京外大を卒業後、群馬大の研究者と結婚して前橋へ。3人の子育てが一段落した00年、自然食の活動から脱・ダムの運動に加わった。

地元がダム建設を受け入れた時期。「いまさら何だ」といわれながら現地に通い続けると、何人もの住民が胸の内を語ってくれた。かつて「成田か八ツ場か」と評された反対闘争の地域を覆うあきらめと不安。親子3代がダムに翻弄《ほんろう》される過酷さを知った。

そんな住民の気持ちをつづった詩集「ダムに沈む村」を加藤さんに送ったのがきっかけでコンサートは実現した。

19年度の完成をめざす八ツ場の事業費は日本のダム史上最高の４６００億円。地盤や水質の問題も抱える。建設が中止されても現地の生活を再建できる代替案をまちづくりの専門家らとつくる。

「東京の都市生活は八ツ場のような犠牲の上に成り立っている。それを多くの人に知ってもらいたい」

そして今、思うこと

八ッ場ダム事業の実態を伝えたいと活動を続けてきた。09年、八ッ場ダムは民主党のマニフェストの冒頭に事業見直しが掲げられたことで注目を浴びたが、民主党政権発足後、推進勢力のまき返しや民主党内の混乱もあって、結局、事業は継続された。国交省は今年1月、本体工事に着手。この間、活動目的は「事業見直し」から「ダム本体工事の中止」へ。ダム中止後の法整備へ向けての活動も並行して行っている。

政治状況が変わろうと、ダムによって失われるもの、八ッ場ダムの不要性は変わらない。問題山積のツケを次世代に負わせるのはしのびない。ダム事業の実態、地域社会や自然と歴史遺産の破壊をより多くの方に伝えることで、脱ダムの時代が近づくことに役に立てばと願っている。

日本だからできる支援

ジェン(JEN)
事務局長
木《き》山《やま》啓《けい》子《こ》さん

パーソナルプロフィール

活動開始年齢　34歳
職歴　電機メーカーで経理、海外営業等を担当
目指す社会の姿　誰もが出自や思想、信条で差別されず、十全に命を全うできる社会
影響を受けた書籍　田口佳史著『老子の無言』
応援したい新市民　インターナショナルスクールオブアジア軽井沢の小林りん代表理事

団体プロフィール

活動拠点　東京都
活動開始年　1994年
法人設立年　1994年（但し、NPO法人が存在しなかったため、NPO法人登録は2000年）
年間活動費　11億9700万円
内訳　民間寄付・助成金70%、補助金17%、国際機関委託金11%、会費1%
有給職員数　約350名
ホームページ　http://www.jen-npo.org/
連絡先　東京都新宿区揚場町2－16 第二東文堂ビル7F
☎ 03-5225-9352　FAX 03-5225-9357
E-mail info@jen-npo.org

世界のどこかで戦争や災害が起きると、難民や被災者を支えに行く。民間の緊急支援団体の一つ、NPO法人「ジェン（JEN）」を率いる。

大学を出て会社勤めを5年。男性優位の制度が疑問で辞めた。解決方法を求め、米ニューヨーク州立大で修士を取得。日本のコンサルタント会社で働いたが、国際協力の仕事につまずいた。

94年、34歳のとき、国際協力団体のAMDA（アジア医師連絡協議会）でやり直そうと門をたたいた。すぐネパールの難民キャンプに派遣され、2ヵ月後、内戦の続く旧ユーゴスラビアに転じた。AMDAなど6団体が設立したJENの現地責任者として難民支援をするためだ。

その旧ユーゴに6年。豊かな国の悲惨な実態に突き動かされた。混住していたクロアチア人、セルビア人、ムスリム人が争い、それぞれが家族を殺され、家を奪われ、職を失い、難民になった。「苦しさに変わりはない」と、すべての民族に心のケアや経済的自立への支援をした。NATO軍による空爆中のセルビア側に単身入り、貧しい被災者に食料を届けたこともある。

異なる民族が一緒に参加するコンピューターの講習会などを開き、お互いの不信感を取り除いていった。旧ユーゴ全域で最大14ヵ所計約500人に達した現地スタッフは3民族の難民から採用した。

「日本の団体は欧米と違い歴史的なしがらみがない。現地スタッフとも対等につきあうから、良い支援ができた」

イラクにもパキスタンの地震被災地にも行った。「一人ひとりに世界を良くする力がある。そう日本に伝えたい」

そして今、思うこと

紛争や戦争、災害が多発し、私たちの出動は増えた。暴力を解決手段として正当化する傾向は強まっており、今も「過激派組織IS＝イスラミックステート」などの難しい問題があるが、人と人とが理解し合うことから問題解決が始まる。これは手間がかかるが、確実にできる。これまでの実績が物語る。

世界各地の活動は20の国・地域に及ぶ。現在01年からのアフガニスタンを含めて7ヵ国。シリア紛争では現地スタッフを含め約100人がヨルダン側で難民支援を続ける。戦争はなかなか、なくならない。

力不足を嘆くよりも、サポートする人たちの幸せが、さらなる波及効果を生むように心を砕いている。ひとつひとつ、できることをやってゆきたい。

古着を売り、アジアの女性支援

WE（Women's Empowerment）21ジャパン
政策提言部長
郡《ぐん》司《じ》真《ま》弓《ゆみ》さん

パーソナルプロフィール

1950年生まれ
活動開始年齢　34歳
職歴　専業主婦その後横浜西部生活クラブ生協理事長など
目指す社会の姿　企業・行政・市民の各セクターのバランスの良い社会
影響を受けた書籍　手塚治虫著『ブッダ』
応援している組織　NPO法人OurPlanetTV

団体プロフィール

活動拠点　横浜市
活動開始年　1998年
法人形態　NPO法人2000年設立
年間活動費　5300万円（本部。地域の店舗は別）
　内訳　自主事業70%、寄付・会費20%、委託・助成金10%
有給職員数　6人（本部）
連絡先　〒221-0052 横浜市神奈川区栄町11-5 栄町第2ビル3F
☎ 045-440-0421　FAX 045-440-0440

寄付してもらった古着を売りアジアの女性の自立を支援する。リサイクルの「WE《ウィ》ショップ」を15年現在、東京と神奈川県内に57店展開する。

　モデルは英国の著名なＮＧＯ「オックスファム」。オックスフォード大学の学生が始めたもので、古着のリサイクルの収益が国際援助活動の資金になっている。生活クラブ生協神奈川の創業者が97年、「日本でも実現しよう」と呼びかけた。

「おもしろそうだ」と思った。子どものアトピーに良いせっけんをほしいと生活クラブの共同購入を始めて10年以上。女性が中心になって社会にかかわるのが楽しく、地区のリーダーになった。

　98年、地元の横浜市泉区に店を開いた。家賃や改装費など３００万円を友人と出し合い、仲間から古着をかき集めた。飛ぶように売れ、古着もどんどん持ち込まれる。「不用品で社会貢献」が人々の心をとらえたと感じた。それから17年。勢いは続いている。13年度は延べ約10万人が品物を無償で提供し、44万人が買った。売上高は計３億５千万円だった。

　収入の７割を経費や税金に充てる。店を切り盛りするのは１店舗２、３人いる有償スタッフや１２００人のボランティア。

　残りが活動費だ。フィリピンやタイの農村開発、アフガニスタンの女子教育など、海外で活動するＮＧＯへの支援は26カ国に拡がり13年度は計約２千万円助成した。現地のＮＧＯを招く報告会や、現地を見るスタディーツアーも催す。そんな活動を載せた隔月の広報誌や冊子をショップに置く。最近はフェアトレードにも力を入れており多くの人が店で世界に関心を持った。

そして今、思うこと

チャリティーショップで海外支援をするＷＥ21ジャパンも15年を迎え、この間、いろいろな人からどうしたらＮＰＯが作れるのかと聞かれた。その都度私は「同じ思いをする人が３人以上いればできる」と答えてきた。作りたいと思う３人が周りの人たちに語り、参加者を広げて組織を作り、自分の思いと同じ仲間と夢を実現していく。これは、企業とは全くちがうＮＰＯの醍醐味。その過程は、簡単ではないが、時間をかけて仲間と議論をしながら合意形成を作っていくことが大切。この点を私も運営では重要視してきた。

　自分たちの住む街に、たくさんのＮＰＯが雇用や経済を生み出し、市民社会を構成しているなんて考えただけでも楽しい。

途上国に適した技術を

海外支援

APEX（Asian People's Exchange）
代表理事
田《た》中《なか》直《なお》さん

パーソナルプロフィール

1951年生まれ
活動開始年齢　32歳
職歴　石油会社で精製技術やバイオテクノロジーなどの開発を担当
目指す社会の姿　人々の能力が生かされ、人間がコントロールできる技術を使い、自然と調和した社会。成長至上で資源を大量に使い環境を汚し、格差を生んできた近代社会の決定的破綻を回避させたい。
影響を受けた書籍　中岡哲郎さんと見田宗介さんの著作

団体プロフィール

活動拠点　東京都
活動開始年　1987年
法人形態　NPO法人2003年設立
年間活動費　約8000万円
　内訳　委託金・助成金が大半
有給職員数　14人（うち日本人7名）
ホームページ　http://www.apex-ngo.org/
連絡先　〒110-0003東京都台東区根岸1-5-12 井上ビル2F
☎ 03-3875-9286　FAX 03-3875-9306
E-mail tokyo-office@apex-ngo.org

途上国に適した排水処理や自然エネルギーの技術をインドネシアのＮＧＯと組んで開発する、ＮＰＯ法人「ＡＰＥＸ」のリーダーだ。

東大工学部から76年に石油会社へ。製油所や情報システムの仕事をしながら、「科学技術を社会に生かしたい」と社外の研究会にも参加。途上国の貧困や環境問題をテーマに東南アジアを回った。

87年、36歳で、仲間と、アジアとの民間協力をめざすＡＰＥＸを設立。インドネシアのＮＧＯに資金や技術者を送り、住宅供給や緑化、職業訓練などの事業を支えた。

独自性を発揮するのは95年、同国の有力ＮＧＯ「ディアン・デサ財団」と技術開発に取り組んでからだ。ジャワ島では小さな工場や家庭の排水がほとんど処理されず、川が泥のように汚れている。その排水を浄化する安くて扱いやすい装置を実現した。製油所の排水処理で学んだ回転円板方式に、現地で手に入るヤシの繊維や廃プラスチックを組み合わせ、コストを従来の5分の1に抑えた。17カ所で稼働、普及し始めた。その後は、地域の生活排水をコミュニティーレベルで集合処理する事業に乗り出し、現在はこの活動が中心だ。

ヤシ油の搾りかすなどバイオマス（生物資源）のガス化装置の開発にも取り組んできた。粘土を触媒に使って低コストで高カロリーのガスを取り出す。廃棄物の粘土や植物の灰は肥料になる。

会社との「二足のわらじ」を99年まで続けた。先端技術も手がかりに、現地の材料を使い、簡単に操作できるよう工夫してきた。「途上国には途上国に適した技術が必要です」

そして今、思うこと

地域の状況に適し、環境に負担をかけず、住民が参加しやすい適正技術の開発と普及に力を入れている。アブラヤシの廃棄物や間伐材、トウモロコシの穂軸などのバイオマスを原料にしたインドネシアでのエネルギー開発も成果をあげている。実証プラントを08年に完成運転し、14年からは、装置の規模を拡大し、得られたガスから液体燃料を生産する事業も始まった。住民参加型のコミュニティ排水処理の事業で、14年には環境賞の優秀賞や、日本水フォーラムのＧＯＯＤプロジェクト大賞を受けた。

自然と調和し、人々の能力が多様に生かされる社会の実現をめざし、活動をさらに広めている。

フィリピンのダムと日本の責任

海外支援

国際環境NGO FoE Japan
波《は》多《た》江《え》秀《ほづ》枝《え》さん

パーソナルプロフィール

1978年生まれ
活動開始年齢 21歳
職歴 大学生
目指す社会の姿 開発による貧困のない社会。自分たちが知らぬ間に、遠くで暮らす人びとの生活や人生を変えてしまうことがない社会
影響を受けた人々 フィリピンのサンロケダム等の問題で一緒に活動してきた現地の人々
応援している新市民 FoE Japanの吉田明子さん

団体プロフィール

活動拠点 東京都
活動開始年 1980年
法人形態 NPO法人2001年設立
年間活動費 7186万円
内訳 委託・助成金50%、寄付・会費34%、自主事業13%
有給職員数 常勤職員4名、嘱託職員1名、アルバイト4名、委託研究員3名
ホームページ http://www.foejapan.org/
連絡先 〒173-0037東京都板橋区小茂根1-21-9
☎ 03-6909-5983　Fax 03-6909-5986

フィリピンのルソン島北部に日本の公的資金で建設されたアジア最大級のサンロケダム。これがいかに住民の生活を破壊しているか、現地の団体とともに訴え続けている。

国際的な環境ＮＧＯ、ＦｏＥの日本組織のスタッフ。中央大の学生時代にボランティアを始め、01年の卒業と同時に就職した。日本の開発による被害をなくしたかった。

最初に取り組んだサンロケダムは典型だと思った。日本の政府系金融機関の国際協力銀行（旧日本輸出入銀行）が多目的ダムの費用約１２００億円の半分以上を融資。丸紅や関西電力の合弁企業が発電しフィリピンの公社に売る。02年8月の貯水開始直後から4ヵ月、現地でダムの影響を聞いて歩いた。住民の多くが「生活が苦しくなった」と答えた。立ち退いた約４４００人は十分な補償がされない。農地の収用で農業収入も減った。小作農らの最低限の生活を支える収入源だった川の砂金も採れなくなった。影響は1万人以上といわれる。

住民の心もすさんだ。村を案内してくれた青年は、水没地の住民が貯水時に銃を向けられ引きずり出されたのに怒り、ダム反対デモの先頭に立った。まもなく共産ゲリラに入り国軍との交戦で射殺された。「住民運動では村は良くならないと考えた」と家族はみる。日本人として何もできなかったことが悔しかった。

現地に行くたびに困窮者が増えた。生活可能な補償を求めて国際協力銀行などと交渉する。砂金分が補償対象になるなど少し前進した面もある。「日本の政府や企業が知らぬ間に海外の住民を傷つけている。そのことを考えてほしい」

そして今、思うこと

現在も、日本の開発による負の影響を回避・軽減したくて活動している。フィリピンだけでなく、ここ数年は他の東南アジアの住民・ＮＧＯとも、日本の開発による立ち退きや農業・漁業被害、公害等の問題に取り組む日々だ。

現地では、土地、森、川、海などに根ざした生活をしている人々が多く、その歯車が狂うと、生活を立て直すのはとても難しい。軍・警察等による人権侵害も深刻だ。

日本の生活が海外での投資や資源確保なしで成り立たず、また、遠くの開発現場の問題が私たちの生活と深くつながっている。国内の原発にもみられる構図だが、多くの人と一緒に考え、少しずつでも良い方向に社会が向かうよう、粘り強く活動を続けたい。

雨水活用は世界を救う

海外支援

Skywater Bangladesh Ltd.
会長
（元雨水市民の会事務局長）

村《むら》瀬《せ》誠《まこと》さん

パーソナルプロフィール

1949年生まれ
活動開始年齢　33歳
職歴　地方公務員（墨田区職員）
目指す社会の姿　雨を活かすことが当たり前になる社会
影響を受けた書籍・言葉　石本巳四雄著『科学を志す人々へ』、「水訓」

団体プロフィール

活動拠点　バングラデシュ、バゲルハット県モレルガンジ
活動開始年　2010年（株）天水研究所設立、2013年現地法人設立
法人形態　株式会社（ソーシャルビジネス）
年間活動費　500万円
有給職員数　14人（全員バングラデシュ人）
ホームページ　http://www.skywaterbd.com/
連絡先　☎/FAX 0550-78-7765　E-mail dr.skywater@gmail.com

雨水《あまみず》をためて活用するよう呼びかけている。世界的に知られる「雨水博士」だ。

東京都墨田区の職員だった。千葉大薬学部の大学院から76年、同区本所保健所へ。5年後、洪水が多発し始めた。下水が逆流し、ビルの地下の水道タンクに入る。消毒するよう衛生指導すると、「洪水を何とかしろ」と怒鳴られた。

土木や建築の担当職員らに声をかけて研究した。雨水がしみこむ土の面積が減り、一気に下水道に流れ込む、「コンクリートジャングル」が原因だった。「雨水をためるしかない。トイレなどに使えば節水にもなる」と考えた。それで提案したのが当時新築・移転計画中の国技館を雨水利用型に設計変更すること。これにならうビルが相次ぎ、墨田区は雨水利用の先進地になった。

向島保健所に異動したとき、防火に目を向けた。消防車も入れない路地が多い。住民と一緒に路地の要所に10トンの雨水タンクを埋設していった。ふだんは散水、非常時は消火、飲料水に使う。

活動を知った「国際雨水利用学会」が墨田区で国際会議を94年に開きたいと言ってきた。準備のための実行委員会に首都圏各地から約２００人が参加した。それが会議後「市民の会」に。区職員と二足のわらじをはくようになった。

「遠くのダムより近くの雨水を」と訴える。雨水を利用しやすい雨どいやタンク、トイレなどさまざまな住宅設備をメーカーと開発、雨水利用の支援制度も要望する。

バングラデシュでも雨水利用を教える。池の水は不衛生で、井戸水はヒ素で汚染されているからだ。「雨水を活かせば世界を救える」が合言葉だ。

そして今、思うこと

深刻な飲み水の危機に直面するバングラデシュに雨水活用でこの危機を救おうと通い続けて15年になった。11年に完成したバングラデシュ一番のローコストのタンクの名前は〝AMAMIZU〟。ソーシャルビジネスの手法でこれまでに設置した貯水タンクの数は１０００基を超える。

日本で降る雨のもとの雲は多くがバングラデシュ方面からやってくる。日本人もバングラデシュ人も同じモンスーンアジアの空の下に住んでいる。隣人が水で困っていたら手を差し伸べたい。大地と海と空の間を循環しながら健康と生命を支えてくれている雨に感謝し、雨水をもっともっと有効に活用して世界の水危機を救い、そして平和で幸福な社会を実現したい。

「誠実な企業」を応援しませんか

市民保護

インテグレックス
社長
秋《あき》山《やま》をねさん

パーソナルプロフィール

1960年生まれ
活動開始年齢　41歳
職歴　外国債券のトレーダー
目指す社会の姿　「人」「誠実さ」「気候変動への対応」を軸に考えたサスティナブルな企業、社会、地球
影響を受けた言葉　二宮尊徳「道徳なき経済は罪悪であり、経済なき道徳は寝言である」
応援している新市民　二宮尊徳7代目子孫の中桐万里子さん

団体プロフィール

活動拠点　東京都
活動開始年　2001年
法人形態　株式会社2001年設立
年間活動費　非公開
有給職員数　非公開
ホームページ　http://www.integrex.jp/
連絡先　〒150-0012東京都渋谷区広尾5-8-14 G-PLACE広尾7F
☎ 03-5793-3205　FAX 03-5793-3207

企業の不祥事が相次ぐ日本をどう変えるか。「投資で世直しを」と訴えている。

社会への責任を果たす企業を応援するために、人々の投資が集まるようにする。欧米で広がる「社会責任投資」（ＳＲＩ）という考え方だ。

その投資対象企業を選び出す調査会社を01年につくった。企業の資本が入らない中立のＳＲＩ調査機関では日本の草分けのひとつだ。

慶応大から米国系の証券会社に10年余。米国債のトレーダーだった。出産で退社、離婚。青山学院大大学院で修士号をとって日本の独立系の証券会社に再就職した。

ＳＲＩを知ったのはそのときだ。高巌《たかいわお》麗沢大教授の講演を聞いた上司の指示で調べると、目から鱗《うろこ》が落ちる思いだった。「どれだけ稼ぐかより、どのように稼ぐか」。高氏らが開発した評価システムは「誠実な企業」かどうかを問う。

ウオール街のトレーダーの顔が浮かんだ。ルール違反をしても業績を上げれば評価されるが、長続きはしない。最後に残るのは誠実な人だった。企業も同じだと思った。

「社会貢献を掲げる企業も不正に得た資金を使っていれば、いずれだめになる。木にたとえれば根っこが大切」

会社は上司ら2人と3坪の事務所で始めた。01年から毎年、上場3千社以上を対象に、高氏のシステムに基づく調査をする。投資助言の第1号は04年。今は6ファンド計２００億円になっている。運用成績は東証株価指数を超えるものが多い。

尾瀬の自然保護に運用益の一部を寄付するファンドなどのように商品の工夫も重要だと考える。「1人1万円でも、多くの人が参加すれば大きな力になる」

そして今、思うこと

ＳＲＩの分野はリーマンショック後、元本割れのリスクが小さい債券が中心となり、株式を組み込んだ投資信託への投資助言業務は伸びていない。代わって、公正な第三者機関としての特性を生かし、内部通報などリスク情報の受付窓口業務（ホットライン）や、コンプライアンス・ＣＳＲ（企業の社会的責任）に関する意識調査が主な業務になり、収入の9割を占めるようになった。特にホットラインは、通報者のプライバシーが保障される一方で、リスク情報を把握する機能が強まると企業側からも歓迎され、６００を超えるライン（企業・団体）の受託実績がある。今後はこうしたＣＳＲのサポート業務を通じて、社会に貢献していきたい。

「押し付け融資」の被害を救え

市民保護

銀行の貸し手責任を問う会
事務局長
椎《しい》名《な》麻《ま》紗《さ》枝《え》さん

パーソナルプロフィール

1942年生まれ
活動開始年齢　48歳
職歴　弁護士（現在も）
目指す社会の姿　戦争と貧困のない社会
影響を受けた言葉　青戸平和公園の原爆被害者慰霊碑「われら生命（いのち）もて　ここに証（あか）す　原爆許すまじ」
応援している組織　東京被爆二世の会「おりづるの子」の田崎豊子会長

団体プロフィール

活動拠点　東京都
活動開始年　1995年
法人形態　市民団体1996年設立
年間活動費　50万円
　内訳　寄付・会費約80%、自主事業約20%
有給職員数　なし
ホームページ　http://kashitesekinin.net/
連絡先　〒100-0014東京都千代田区永田町2-17-10 サンハイム永田町404　☎ 03-3581-3912　FAX 03-3593-0394　E-mail kasitese@io.ocn.ne.jp

銀行がバブル期に持ちかけた過剰融資で多くの高齢者が借金地獄に陥った。「銀行被害者」を支援する弁護士だ。

金融に詳しかったわけではない。中央大学を出て66年に弁護士登録。早い時期から医療過誤や被爆者の問題に力を入れた。薬害エイズの訴訟を進めていた91年、「銀行にだまされた」という相談を受けた。

小さな建設会社を経営する初老の男性だった。「借金はきらいだ」と断ったのに、銀行側に「株でもうけられる」と説得されて融資を受けた。自宅などを担保に膨らんだ32億円の株は、銀行側に任せた株取引の損と利払いで泡と消え借金だけが残った。

調べてみると、億単位のこうした「押し付け融資」が珍しくない。標的は土地を持つ高齢者。「相続税対策」として株や変額保険、立体駐車場などへの投資を提案し、資金を貸す。使途の自由なこの「フリーローン」が全国に約１００万件。それがバブル崩壊で返済困難になっていた。

「放っておけない」と思った。戦後こつこつ働いて得た高齢者の自宅が「銀行を信頼したという落ち度」で奪い取られる。自殺者も出た。危険なフリーローンを放置した金融行政は薬害エイズと同じ構図に見えた。裁判官は勧誘の不公正さを問題にせず、契約書に印鑑があれば銀行側を勝たせることが多い。96年、被害者らと会を設立した。

今は銀行取引では、経営者以外の第三者保証は、原則禁じられているが、過去に保証人になった子どもらは、銀行の不良債権を買い取った債権回収会社から返済を迫られている。「銀行被害」は終わらない。

日本の金融や裁判の制度は銀行にやさしく消費者に厳しい。その改革を訴え続けている。

そして今、思うこと

バブル経済によって、中小企業は、設備と雇用と借金の「三つの過剰」を抱え込み、それの解消に向けて悪戦苦闘してきた。なかでも中小企業は、バブル崩壊して20年経過した今も、その多くが依然として、過剰債務によって経営が圧迫されている。

さまざまな恩恵に与ってきた銀行や大企業と比べて、中小企業は経済政策で不公平な立場におかれ、そのことが、中小企業経営の苦難をより深めてきた。

私たちの会は、銀行の貸し手責任を追及する原点にたちながら、さらに中小企業や個人の過剰債務を、身の丈にあった借金に減らして日本の中小企業・個人を元気にすることを求めている。

欠陥住宅を生む構造と闘う

市民保護

建築Gメンの会
顧問
中《なか》村《むら》幸《ゆき》安《やす》さん

パーソナルプロフィール

1936年生まれ
活動開始年齢　64歳
職歴　明治大学理工学部講師
目指す社会の姿　消費の中心である住宅が正しく売り買いされ、人々の手に入る社会
影響を受けた言葉　中国文化大革命で掲げられた「造反有理」
応援している新市民　海外のNPOとも積極的に交流し、眠っている情報をつなげてほしい。それがNPOの自立にもつながる。

団体プロフィール

活動拠点　東京都
活動開始年　2000年
法人形態　NPO法人2000年設立
年間活動費　720万円
　内訳　自主事業等55%、その他研修など25%、寄付・会費20%
有給職員数　1人
ホームページ　http://www.kenchiku-gmen.or.jp/
連絡先　〒142-0052 東京都品川区東中延1-4-17 202
☎ 03-6426-1350

欠陥住宅の問題を追及してきた第一人者である。

もとは明治大学の学生運動のリーダー。東京のタマ消費生協（現生活協同組合パルシステム東京）の創設者でもある。明大で建築を教えながら、「住まい１１０番全国ネットワーク」を設立し、相談に応じてきた。退職後の00年に始めたのが「建築Ｇメンの会」だ。

相談という「対症療法」だけでは欠陥住宅はなくならない。消費者側に立つ優れた専門家を増やし、工事が常に監視されている状態にすることが必要だと考えた。

「建築Ｇメン」とは会独自の資格。1級建築士が技術や法律の研修を受け、会独自の認定試験に合格して、やっとなれる。会員の86人、一団体のうち合格者は43人（２０１４年現在）という難関だ。会は全国各地の「Ｇメン」を中心に、消費者からの依頼で、住宅の欠陥を調べ業者に補修を求めるほか、建つ前の住宅の工事がきちんと進んでいるかを検査する。

自身も被害者だった。68年に買った東京都町田市の公団住宅はコンクリート工事の欠陥でベランダが外側に傾いた。これが欠陥住宅問題にかかわるきっかけになった。

その後、多くの欠陥を見てきた。きわめつきは95年の阪神・淡路大震災。直後に現地で倒壊した住宅を調査すると、設計や工事の欠陥だらけだった。木造でも誠実な大工が工事し補修した住宅は倒れていない。「死者の多くは住宅に殺された」と思った。

責任感が薄れる何層もの下請け、末端の技能の低下、利益優先、隠蔽《いんぺい》体質……。そんな建設業界の構造が欠陥を生む。「良心を持ち、業界の圧力に屈しない職業人を増やしたい」

そして今、思うこと

「建築Ｇメンの会」は後輩にバトンタッチし、いまは「芸事」に力を入れている。日本の伝統芸能である「南京玉すだれ」をマスターし、仲間と高齢者の施設を回ったり、希望者に教えたりしている。震災後の釜石へも訪れた。

国際交流ＮＧＯ「ピースボート」の船で四回世界を回り、歌やボディーランゲージといった芸事に近いことをすると、現地の人とコミュニケーションがとりやすいことに気がついた。それで「玉すだれ」を学んだ。「玉すだれ」だったり手品だったり、仲間も増えた。これからもあちこち回りたい。

大阪で「公費の闇」と闘い25年

市民保護

見張り番
代表
松《まつ》浦《うら》米《よね》子《こ》さん

パーソナルプロフィール

1937年生まれ
活動開始年齢　52歳
職歴　主婦
目指す社会の姿　住民参加・住民自治に気軽に参加でき、生活の中で民主主義を発展させていける社会
影響を受けた書籍　吉野せい著『洟(はな)をたらした神』
応援している新市民　若い人たち

団体プロフィール

活動拠点　大阪市
活動開始年　1990年
法人形態　市民団体1990年設立
年間活動費　150万円
　内訳　寄付・会費100%
有給職員数　0人
ホームページ　http://mihari.exblog.jp/
連絡先　☎ 090-8449-5475　FAX 06-6681-9425
E-mail mihariosaka@gmail.com

大阪の市役所や府庁で公費がどれほど不正に使われているか。住民監査請求と住民訴訟を武器に「公費の闇」と四半世紀の間闘ってきた。住民主体のオンブズマンの草分け、全国で最も活発といわれる「見張り番」の先頭に立つ。

「おばちゃん、がんばってや」。市役所近くで写真を撮っていたら、通行人から激励の声。大阪では有名人だ。

小学生で終戦。米国の民主主義の宣伝映画がきらきらして見えた。大阪市住之江区で3人の子育てをし、あこがれた民主主義の教育をめざしてＰＴＡ活動をしていたとき、介入してきた「地域ボス」と衝突した。知り合った弁護士に仮処分申請で解決してもらい、法律の力を知った。

その弁護士から「公費乱脈」を追及しようと持ちかけられ、ＰＴＡ問題の勉強会の仲間らと90年に組織を立ち上げた。当時は大阪市職員による高級クラブでの飲食やヤミ手当が社会問題。「市は財政難だといって住民が勉強会に使う施設は増やさないのに」

弁護士から方法を教わってヤミ手当の住民監査請求をした。結果は却下。市の監査委員は身内の職員ＯＢや議員が多く、壁は厚かった。それでも約１１０件、監査請求を続けた。流れは変わり、監査委員が違法性を認め、資金の返還を勧告する例が目立つ。

情報公開請求を重ね、事実関係を徹底的に調べる。自宅は資料や新聞の切り抜きだらけ。内部通報する協力者も増えた。04年の大阪市の職員厚遇問題でもテレビで市民の怒りを代弁。15年で３５０人の会員がいる。

「住民監査請求はだれでもできる。続ければ役所も変わる」

そして今、思うこと

近年は橋下徹大阪市長に対する「見張り番」が活動の中心。14年1月、旧日本軍慰安婦などをめぐる発言の影響で、市長の米国出張が中止になった。このことで、キャンセル料相当額約69万円を市長に賠償させるよう求める住民訴訟を起こした。

大阪を拠点に全国のオンブズマンと連絡をとり、情報公開請求などで膨大な資料を集める。その中で「誰が考えてもおかしい」と思える案件を中心に行動を起こすようにしている。負かされないためには、慎重さも大切。ＮＰＯ活動には、やりがいの一方で、コツコツとした事務作業が欠かせない。そうした作業をいとわないことが、市民の共感にもつながると思う。

多重債務者の生活を再建する

市民保護

消費者信用生協
理事長
横《よこ》沢《さわ》善《よし》夫《お》さん

パーソナルプロフィール

1950年生まれ
活動開始年齢　30歳
職歴　団体職員
目指す社会の姿　若年層の貧困化をなくす社会
影響を受けた書籍　ビクトル・ユーゴー著『レ・ミゼラブル』
応援している新市民　フォトジャーナリストの安田菜津紀さん

団体プロフィール

活動拠点　盛岡市
活動開始年　1969年
法人形態　生活協同組合1996年設立
年間活動費　3億4000万円
有給職員数　28人
ホームページ　http://www.iwate-cfc.or.jp
連絡先　〒020-0874岩手県盛岡市南大通1-8-7 CFCビル2階
☎ 019-653-0001　FAX 019-653-6699
Email yokosawa@iwate-cfc.or.jp

消費者金融の返済やクレジットカードの支払いに行き詰まり、一家離散や自殺に追い込まれる。そんな多重債務者を救う活動の先駆者だ。

　岩手県消費者信用生活協同組合（消費者信用生協）。80年、30歳のとき、この全国でも珍しい信用事業専門の生協に異動した。明治大学を出て就職した故郷の財団法人岩手県民共済会の関連団体だった。

「サラ金禍」が社会問題になったころ。債務者が駆け込んできた。夜中に自宅の前で「カネを返せ」と連呼され、やつれきっていた。当時の金利は年100％を超え、借金は雪だるま式に膨れあがる。

「助けられないか」。知り合った若い弁護士と話し合った。それで始めたのが救済ローン。高利で膨らんだ借金を利息制限法（年15～20％）で再計算した額に減らした上で一括返済し、低利の生協ローンに一本化する仕組みだ。県民会館の会議室に関係の金融業者を呼んだ。机には生協で用意した札束の山。弁護士は債務の減額に応じなければ裁判を起こすと交渉した。

「債務者の生活再建」を掲げ、生協の相談員が無理のない返済計画をつくる。住民福祉の活動が評価されて89年、盛岡市が資金協力してくれた。公的資金で支えられた全国初の救済資金貸付制度「スイッチローン」の誕生だった。14年度の融資残高は約3500件計約40億円にのぼる。

　多重債務者の救済をめざす「生活サポート生協・東京」の発足にもかかわり、常務理事に就任するなど。活動の舞台を広げた。

「自業自得と放置すれば家庭、地域社会も壊れる。金融というより社会事業なんです」

そして今、思うこと

　歌手の由紀さおりのアルバム「1969」がチャートで1位を記録した。「1969」は音楽は勿論のこと、商品や製品等でも価値観の多様化が最もすすんだ年と言われている。その年、私は19歳で、ブルーライトヨコハマがヒットし、学生運動も盛んな時期で、確かに生き生きとした時代だった。当時の自分らは、社会人になっても経済的に恵まれたわけでもなく、かといって転落するような貧乏でもない、少なくとも希望を失うことなく青春を過ごしたと記憶している。現在の周りの若者たちを見ていると経済面ばかりか、心の貧困が蔓延していると感ずる。そう思うのは私だけだろうか。

　次世代が希望をもって生き生きと暮らせる社会環境の醸成が喫緊の課題であることは論を俟《ま》たない。

新聞が「NPOのまち」つくる

NPO支援

くびき野NPOサポートセンター
理事
大《おお》島《しま》誠《まこと》さん

パーソナルプロフィール

1960年生まれ
活動開始年齢　37歳
職歴　中学の数学教師、ケーブルテレビの外線工事など
目指す社会の姿　行政に頼りすぎず、市民が街をつくっていくイメージ
支えになった人物　中村天風

団体プロフィール

活動拠点　上越市
活動開始年　1998年
法人形態　NPO法人1999年設立
年間活動費　約4500万円
　内訳　委託費57%、自主事業21%、会費12%、寄付10%
有給職員数　5人
ホームページ　http://www.kubikino-npo.jp
連絡先　〒943－0823上越市高土町1-8-7-2F
☎ 025-522-6639　FAX 025-522-6669
Email info@kubikino-npo.jp

新潟県南西部の上越市と周辺の「くびき野」地域。住民が地元のＮＰＯをけっこう知っている。日刊の地域紙「上越タイムス」に、ＮＰＯが編集する紙面があるからだ。

　ＮＰＯと新聞の協働を仕掛ける上越タイムスの経営者。編集を担う「くびき野ＮＰＯサポートセンター」のトップもつとめる。

　中学の数学教師から、義父のケーブルテレビ会社へ。「地域が元気にならないとだめだ」と上越青年会議所の活動に力を入れた。理事長になった97年、日本海のナホトカ号重油流出事故で「市民の力のすごさ」に目を見張った。

　福井県の現場でも上越でも海辺の重油を取り除くボランティアの数に圧倒された。

　地元の市民団体に呼びかけて勉強会を2年。市民活動を支援する「センター」を98年末に立ち上げた。一方、99年2月には経営難に陥った上越タイムスの再建を地元の経済界から託された。

「ＮＰＯが一般の人に情報発信できるよう、紙面をまるごと提供しよう」。新聞社内の「編集権を外部に渡していいのか」という抵抗を押し切った。

　いまは毎週月曜、タブロイド判20ページのうち4ページ。「センター」のスタッフが取材し、地元のＮＰＯの活動を丹念に伝える。編集料はとらず、自ら集めた広告で費用を賄う。部数は約６７００部から約2万部に。「ＮＰＯに刺激されて紙面全体が変わった」

　05年に上越市で千人規模の「ＮＰＯ全国フォーラム」を開いた。県庁所在地以外では初めて。ＮＰＯが過疎地でさまざまな挑戦をする。全国有数の「ＮＰＯのまち」になった。

そして今、思うこと

　税額控除を受けられる認定ＮＰＯ法人になり、地元の労働金庫と連携して「にいがたＮＰＯ基金」を立ち上げた。集まった寄付金を、選考会などを経て個別のＮＰＯに配分する仕組みで、13年は２００万円、14年は１２０万円を配った。

　地方は高齢化と人口減が進み、積極的に活動を担える人が減っていく中で、市民活動の第一世代が引退し始めている。活動のバトンの受け渡しが課題だ。若い世代にはＮＰＯに就職しようと希望している人もいるが、そうなると市民活動をやりたいというより就職活動の一環になってしまう。僕たちは熱い思いだけでやってきたけれど、熱い思いの部分は多様化していると感じている。

私たちのお金で社会を変える

NPO支援

未来バンク事業組合
理事長
田《た》中《なか》優《ゆう》さん

パーソナルプロフィール

1957年生まれ
活動開始年齢　29歳
職歴　東京都江戸川区職員
目指す社会の姿　市民のニーズを市民自身がまかなえる社会
影響を受けた人　水源連（水源開発問題全国連絡会）嶋津暉之共同代表
応援している新市民　コミュニティ・ユース・バンクmomoの木村真樹代表理事

団体プロフィール

活動拠点　東京都
活動開始年　1994年
法人形態　任意団体1994年設立
年間活動費　100万円程度
有給職員数　0人
ホームページ　http://www.geocities.jp/mirai_bank/
連絡先　〒132-0033東京都江戸川区東小松川3-35-13-204
☎/FAX 03-3654-9188　E-mail mirai_bank@yahoo.co.jp

「ＮＰＯバンク」の草分けである。市民がお金を出し合い、社会に役立つと思う事業に貸し出す。配当はない。「非営利融資」の仕組みだ。

法政大から東京の自治体職員に。86年の旧ソ連・チェルノブイリ原発事故の後に次男が生まれた。病気がちなのは、地球上に広がった放射能の影響ではないか。環境に対して責任を感じた。

環境保護の運動に取り組み、千人規模の集会を開くなど中心的な役割を果たすようになった。92年の「地球サミット」にも参加した。

生来の「調査マニア」。原発やダム、大規模林道、リゾート開発などの資金源が、郵便貯金を主な原資とする政府の財政投融資だと気づいた。銀行預金もめぐりめぐって米国債の購入にあてられている。

「私たちの預貯金が知らぬ間に環境破壊や米国の戦争に使われる。自分のお金の使い道は自分で決める。私たちのお金で社会を変えたい」

94年に「未来バンク」を始めた。エコ住宅や途上国とのフェアトレードなど環境、福祉、市民事業に融資する。金利は年２％の固定、返済額が膨らむ複利ではなく単利だ。出資者は当初の７人計４００万円から５００人近くに増え、融資の累計は３６４件計10億６千万円にのぼる。

音楽家の坂本龍一氏やミスターチルドレンの桜井和寿氏らが03年、環境保護活動向けの「ap bank」を設立した。その指南役でもある。

ＮＰＯバンクはいま全国に14。もっと各地に増えてほしいと願う。「地域のお金は東京に流さず、地域の住民が地域の将来のために使うべきです」

そして今、思うこと

ＮＰＯ、ＮＧＯへの融資が活動の中心であることに変わりはない。分野別にいえば、環境関連向けが多い。融資・出資先の活動内容が本物なのかどうか、かなり厳密に審査するのが当バンクの特徴だ。最近は非営利の金融の仕組み自体を変える必要があると痛感し、他のＮＰＯバンクと連携して、国への働きかけを強めている。

英国や韓国では、一般の企業向けである「融資」と、非営利向けである「貸し付け」は別物で、税制面などで扱いが大きく違う。ＮＰＯやＮＧＯが市民からの出資を募りやすい構造になっている。同様の枠組みを目指し、活動を積極的に展開していく。

地域のために何ができますか

コミュニティー・サポートセンター（CS）神戸
理事長
中《なか》村《むら》順《じゅん》子《こ》さん

パーソナルプロフィール

1947年生まれ
活動開始年齢　49歳
職歴　介護系NPOでコーディネーター
目指す社会の姿　自立と共生に基づき、誰もが尊重される社会
影響を受けた書籍　ピーター・ドラッカー著『非営利組織の経営』
応援している新市民　私たちの目指す社会の姿を共に実現してくれる人すべて

団体プロフィール

活動拠点　神戸市
活動開始年　1996年
法人形態　NPO法人1999年設立
年間活動費　約7500万円
　内訳　委託事業52%、補助金17%、自主事業16%、会費・寄付15%
有給職員数　30人
ホームページ　http://www.cskobe.com/
連絡先　〒658-0052兵庫県神戸市東灘区住吉東町5-2-2
ビュータワー住吉館104
☎ 078-841-0310　FAX 078-841-0312
E-mail info@cskobe.com

阪神・淡路大震災の直撃を受けた神戸市東灘区。住民同士の助け合いから出発し、地域の市民活動を支援する組織に転じた。NPOを支えるNPOは「中間支援組織」と呼ばれる。その先駆者のひとりだ。

大阪から神戸に引っ越したのは81年。広告会社の営業と2人の子育ての両立に疲れがたまり、いったん専業主婦に。元気になって「有償ボランティア」を始めた。「神戸ライフ・ケアー協会」に十数年。理事をつとめ全国に人脈もできた。ただ、社会への関心が薄いなど協会の限界も感じていた。

95年1月17日の震災はそんなときに起きた。高台の自宅は無事。地域で福祉にかかわってきた自分にとって救援活動をするのは「天命」だと思った。「東灘・地域助け合いネットワーク」を結成。支援が手薄な、避難所以外の人々のニーズを調べ、水くみから始めた。次第に、被災者の癒やしに重点が移っていく。

96年、「被災者が自立する時期」と考え、「CS神戸」を立ち上げた。前年末に訪ねた英国の中間支援組織がモデル。住民が多くの小さな団体をつくり、地域の課題に取り組むのを後押しする。

被災者が裁縫や日曜大工などで役に立ちたいと集まってきた。それから19年。かかわった団体は高齢者福祉や環境保全など20分野の３００にのぼる。ネットワークの力で人、モノ、カネを提供する。自治体の施設管理を受託し、公共サービスを市民参画の場として実践している。

「震災で行政や企業だけではうまくいかないことがわかった。市民の力を強くする必要がある」。CS神戸のキーワードはこうだ。「あなたは地域のために何ができますか」

そして今、思うこと

95年の阪神・淡路大震災では、若者を中心に、かつてない１３０万人が救援・復興のボランティアに加わり、「ボランティア元年」として、これまで傍流だった活動を、新しい社会の潮流にした。さらに98年のNPO法制定により、市民活動が法人格を得て公益の一角を占めるに至っている。

社会で暮らす誰もが自分のことに加え、社会的な活動を自分の身体と生活に収め、バランスの取れたライフスタイルにできないか。人任せにしない公益のあり方、その道筋を創生するのが、中間支援組織CS神戸の役割だ。特に団塊世代の人生のセカンドステージが、地域社会の他者との関わりで生き生きと夕映えの如く輝くサポートに当分は徹したい。

「社会起業家」をめざそう

NPO支援

ETIC. (Entrepreneurial Training for Innovative Communities)
代表
宮《みや》城《ぎ》治《はる》男《お》さん

パーソナルプロフィール

1972年生まれ
活動開始年齢　20歳
職歴　大学生
目指す社会の姿　誰もが自分のやりたいこと、やるべきと思ったことが、仕事や生き方に反映させられる社会
影響を受けたもの　課題に飛び込んで走りながらやってきたから特別なモデルはない
応援している新市民　株式会社西粟倉・森の学校牧大介代表

団体プロフィール

活動拠点　東京都
活動開始年　1993年
法人形態　NPO法人2000年設立
年間活動費　7億6700円
　内訳　事業収入54%、寄付44%など
有給職員数　70人
ホームページ　http://www.etic.or.jp/
連絡先　〒150-0041東京都渋谷区神南1-5-7 APPLE OHMIビル4F
☎03-5784-2115　FAX 03-5784-2116

環境保全や福祉、教育など社会的な課題を解決するために事業を起こす。そんな「社会起業家」をめざす若者を支援するＮＰＯ法人「ＥＴＩＣ．（エティック）」の代表理事だ。42歳。約70人の有給スタッフも若い。

活動を始めたのは早大の学生時代の93年。「先輩から起業支援団体の話を聞き、仕事は自分でつくることもできるんだと驚いた。大きな会社に入らなければと可能性を自ら限定する学生が多かった。起業という人生の選択肢もあることを伝えたいと思った」

まず起業セミナーを約２００回開いた。約15大学の学生がそれぞれが作った事業計画を互いに評価、批判し合う。ベンチャー企業の経営者が喜んで講師を引き受けてくれた。学生がベンチャー企業で半年から1年働き、現場で起業家精神を学ぶ「インターン」も始め、年70社１５０人の規模で続ける。こうした活動から約５００人の起業家が生まれた。

社会起業家に目を向けたのは99年のベンチャーブームのころだ。「ＩＴ長者」が次の夢を描けず、行き詰まるのを見た。カネだけでは人は満たされない。「何のために」という社会的使命が明確な事業に支援の重点を移した。

そんな事業の計画を公募するコンテスト「ＳＴＹＬＥ」を開催するほか、ＮＥＣや花王などの大手企業と組んで起業塾も開き、物心両面で起業を支える。「地方にも起業の波を」と経済産業省の資金や自治体、大学の協力を得て、全国60地域に支援組織を広げている。

「現場を知るＮＰＯ（非営利組織）は社会を変える原動力になる」。

そして今、思うこと

社会起業家になろうという人も、支える資金の流れも確実に拡がってきた。東日本大震災復興に取り組むＮＰＯなどの事務局長になって活動を手伝う「右腕プログラム」だけでも２００人以上が参加している。大企業をやめて移住する人や大学生がそうした道を自然に選びはじめ、また成功したベンチャー企業の経営者が大口寄付をする例も増えている。こうした担い手や参加者、カネの流れを中間支援組織がうまくマッチングさせて、社会的起業の生態形がうまく循環すれば社会が変わる。

今の社会で何のために頑張ればいいのか、目標を見出せない若者もいるが、実は社会でのやりがいを求める価値観は同じ。そういう若者たちの気持ちを能動的なものに切り替えればまた新しいものが生まれる。

住民の知恵が地域をよくする

NPO支援

浜松NPOネットワークセンター
顧問
山《やま》口《ぐち》祐《ゆう》子《こ》さん

パーソナルプロフィール

1944年生まれ
活動開始年齢　35歳ごろ
職歴　地域計画のプランナー
目指す社会の姿　社会の多様な問題に取り組む自発的な市民活動が、公的施策をリードする、医療と教育が無料でうけられる社会
影響を受けた書籍・言葉　Nick Wates著『Community Architecture』、ロジェ・シュー著『第4次経済の時代』、「社会的共通資本」
応援している組織　NPO法人クリエイティヴサポートレッツ、NPO法人ブッダ基金（共に在浜松）

団体プロフィール

活動拠点　浜松市
活動開始年　1997年
法人形態　NPO法人2000年設立
年間活動費　8600万円
　内訳　事業収入95%、寄付など3.4%、助成金1.1%
有給職員数　26人（常勤14人、バイト12人）
ホームページ　http://www.n-pocket.jp/
連絡先　〒432-8021 静岡県浜松市中区佐鳴台3-52-23
☎/FAX 053-445-3717　E-mail info@n-pocket.jp

治水、障害者・在住外国人支援などの地域活動を静岡県浜松市で進める。全国に知られる「現場型ＮＰＯ支援組織」の中核だ。

　医師の夫の転勤で東京から浜松へ。２人の子育てをしながら、県の消費生活相談の仕事をし、欠陥住宅の多さに驚いた。建築を勉強したくて建築事務所に16年。図書館など公共施設の計画、まちづくりを担当した。

「行政と建設会社と議員だけで施設や道路をつくる。これでは住民は幸せになれない」。93年、48歳で住民参加の本場英国に留学。ブリストル大学都市計画研究所で各地の調査をし、住民があらゆる地域政策の決定にかかわる仕組みを目の当たりにした。

　帰国して97年、現在の組織をつくった。「地域のさまざまな課題に取り組む住民を増やしたい」。いまは地域のＮＰＯの活動を後押しする一方で、多くの住民や縦割りの行政、学者を巻き込みながら事業を自ら展開している。

　その一つが天竜川の支流の安間《あんま》川の治水構想づくり。「公共事業を変えるチャンス」と住民参加の案を出すと、県に評価され建設会社系９社に勝った。構想は住民らが生活体験や現場調査をもとにまとめた。その後、洪水防止用に雨水をためる樽《たる》を各戸に置く活動を経て、今は障害者の就労援助者「ジョブコーチ」や、パソコンを使った障害者の自立支援などに活動を広げてきた。市内約２万人の日系ブラジル人ら在住外国人の医療支援や子どもの進学相談も続ける。

「住民の知恵こそが地域をよくする。地域の複雑な課題を解決する方向を示し、行政を含めて人をつないでいきたい」

そして今、思うこと

　10年のＮＰＯ活動を経て、活動の成果を市民の誰しもが共有できる施策に展開するには次は議会だと、07年に浜松市議会議員に挑戦。当選し、11年まで議員をしたが、地方議会は、多数派議員が行政と取引する場と化し、旧来の議員と職員の視野の内にある世界観しか市民は享受できないことを悟り、議会を去った。議員としての実績は、忍耐強くデータを集積した市民活動の支えに負うところが大きかった。

「現実と向き合い理想に向かう市民の力」を実は行政も注視している。社会の一隅を担う私たちの創造性が、議会経由の施策よりも、早く市民の手に成果を届けられることは大いにある。

コラム

NPOを継続させる

ささえあい医療人権センターCOML

NPOの設立には多くの苦労が伴うが、その活動を継続していくことのほうが実はむずかしいのかもしれない。活動や組織化の原点には、行政も企業も解決できない社会の課題を「何とかしたい」という熱い想いや強い意志がある。創始者のカラーは強烈で、ときには活動より、その人個人の魅力が周りを惹きつけ、賛同者が増えていくこともある。しかしどの組織でもそうだが、創始者が引退し次の世代へ引き継いでいこうとすると、困難が横たわる。そのような中、大阪のNPO法人「ささえあい医療人権センターCOML《コムル》」は、継続が成功した例のひとつといえる。

COMLは90年9月に辻本好子さんが設立（法人化は02年）。「賢い患者になりましょう」を合言葉に、患者が医療に主体的に参加し、医療側と対立ではなく「協働」することで、よりよい医療の実現を目指してきた。専業主婦だった辻本さんが医療問題に関わるようになったのは、医療訴訟の支援グループを手伝ったからだ。患者やその家族からの相談に耳を傾けるうちに、問題の解決は訴訟だけではない、患者の悩みや不満の多くは医療者とのコミュニケーションに問題があると気づいたのだ。大阪でCOMLを設立し、電話相談とともに、医療に関するさまざまなテーマを学び合う「患者塾」、市民の視点で医療機関を評価する「病院探検隊」、医学生などのコミュニケーション教育のための「模擬患者」の派遣など、先駆的な取り組みを進めてきた。

現在の理事長の山口育子さんは、発足から約1年後にスタッフとなり、以来20年間、辻本さんと二人三脚で活動を展開してきた。11年6月に辻本さんが胃がんで亡くなると、当時事務局長だった山口さんが後を引き継いだ。辻本さんから「必ず継続して、COMLをさらに発展させてほしい」と託された山口さんは、最初の2年間はこれまでの活動の継続に集中したが、3年目からは新しい事業に取り組んでいる。そのひとつが、子どもの頃から自分のからだやいのちのことに関心をもち、「賢い患者」になってほしいとまとめた、子どもの『いのちとからだの10か条』だ。また15年度中に認定NPO法人を取得する予定だ。

NPOの強みのひとつは、そのときどきの社会の課題に柔軟に対応できることだ。今、何をすべきか、つねにアンテナを張り、果敢に取り組んでいくことが継続発展のひとつの鍵だと言える。COMLの活動に、それがうかがえる。

辻本好子さん（右）と、山口育子さん（左）

団体プロフィール

活動拠点　大阪市
活動開始年　1990年
法人形態　NPO法人2002年設立
年間活動費　3500万円
内訳　自主事業約76%、寄付・会費約24%
有給職員数　4人
ホームページ　http://www.coml.gr.jp/
連絡先　〒530-0047大阪市北区西天満3-13-9
☎ 06-6314-1652

第四部　ＮＰＯの歩みと日本社会

――創生期から発展期へ

１　公益法人とＮＰＯ

公益財団法人公益法人協会理事長　太田達男さん

１９３２年９月に神戸市で生まれ、１９５６年京都大学法学部卒業、44年間の信託マン生活を経て、２０００年４月より公益財団法人公益法人協会理事長、多数の非営利法人役員を兼務。公益法人制度改革では、終始非営利セクターの立場から提言活動と市民団体との対話を続けてきた。

サードセクターとＮＰＯ

私がサードセクターという言葉を初めて知ったのは、１９７４年９月のことであった。財団法人日本国際交流センターが企画主催し、経団連、信託協会、公益法人協会などが協力し進めていた「財団及び民間資金援助活動についての国際交流」プロジェクトの一環として派遣された、米国カナダ主要財団の調査ミッション一行13名の一員として参加したときであった。

サードセクターとは、非営利つまり営利を目的としない組織ＮＰＯ（Not-for-profit Organization）により形成されるセクターのことで、米国社会は政府公共機関である第一セクターと利益追求を目的とする企業体が構成する第二セクターと共にそれぞれ、その機能と特徴を発揮しつつ米国社会全体を形成しているという考え方が基礎にある。すなわち、第一セクターは国民の税金により社会全体の最大幸福を求め、公平に市民に奉仕するので、その政策を実施するのには社会全体の合意が必要で、ややもすれば機動性を欠き、先導試行的なリスクを伴うことには慎重、第二セクターは商品サービスを市民に提供することにより最大利益を追求し、市場経済の競争原理の下生き残りを図る、第三セクターは市民のボランタリズムと利他主義（altruism）を基礎として、自らの持てる資源の範囲内でたとえ小さな範囲であっても、市民の利益にかなう行動原理により迅速に活動する。それぞれのセクターは決して他を否定するものではなく、それぞれの特徴や機能を生かしつつ、足らざるところを相互に補完するものとの説明を受けたのである。

日本では当時そのように非営利組織を位置づける考え方は熟しておらず、むしろサードセクターとは政府（特に地方公共団体）と企業の合弁会社という意味で用いられていたので、米国のいうサードセクター論は大変新鮮で、大いに啓発されたものである。

その後、欧米各国ではサードセクターの外、インデペンデントセクター、非営利セクター、市民社会組織などいろいろな用語が登場しており、その包含する民間組織の種類も使用する人の考えによって、少しずつ変わってはいるが、社会における基本的な位置づけは、この最初のサードセクターという概念が引き継がれているといってよい。

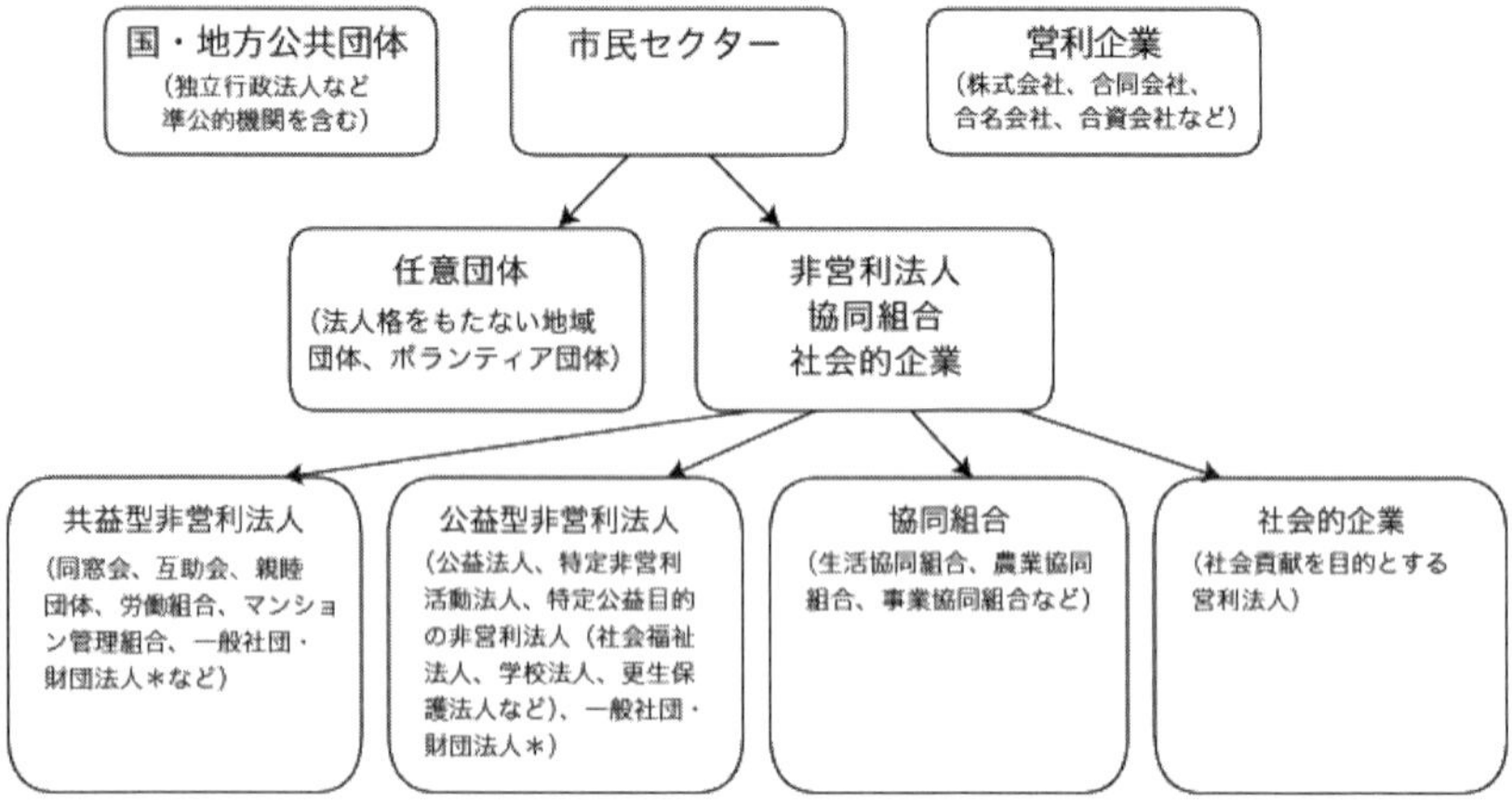

＊一般社団、財団は多様な事業目的が可能で公益型、共益型、私益型に分けられる。

日本でも70年代後半ごろから、サードセクターのような概念を一部の研究者や非営利組織の実務家が用いるようになってはきているが、ここでは民主党政権時代に設置された「新しい公共」推進会議の専門部会が、英国のコンパクトを意識して政府と市民セクターとの公契約の在り方に関連して発表（２０１１年７月）した報告書、「政府と市民セクターとの関係のあり方等に関する報告」において注書きとして定義付けしている市民セクターを、筆者が概念図化したものを掲げておこう。

これによれば、市民セクターとは協同組合や社会的企業を含む巨大なセクターであるということになり、非営利組織（ＮＰＯ）はそれに包摂される大きなサブセクターという位置づけになる。

英国では、内閣府の中に労働党政権時代にサードセクター局（Office for the Third Sector）が設けられ、２０１０年保守党政権後は市民社会局（Office for Civil Society）と名称は変わったものの、その管轄するものは上記の市民セクターとほぼ同じである。

元祖ＮＰＯたる所以

日本では、ＮＰＯというと、阪神・淡路大震災における市民のボランティア活動を契機とする市民活動のうねりの中で成立した（１９９８年）、特定非営利活動促進法に基づく法人である特定非営利活動法人（以下、特活法人）をＮＰＯと勘違いする人が多いが、ＮＰＯにはその他の各種の非営利組織（公益法人、社会福祉法人、学校法人、更生保護法人など）が含まれているものである。

特に、公益法人という組織は今から約１２０年前（１８９８年、明治31年）に施行された民法によって認められたものであり、「祭祀、宗教、慈善、学術、技芸其他公益に関する社団法人又は財団法人」で「営利を目的としない」法人である。つまりＮＰＯなのである。

この法律は、天皇主権の下、公益は、社会の直接的な利益であり、社会の利益は国家権力の行使によってのみ達成され、民間人が公益活動を勝手に行うことは認められないので、役所が厳重に審査して公益上支障がないと認めた場合のみ、特に許可するという思想に基づく制度であった。このことを東京大学の故星野英一教授は、日本は「公益国家独占主義」の国であると批判されていた。そのような市民にとっていわば不自由な制度ではあったが、それでも、当時の先人はこの制度を利用して、以下の事例に示すように素晴らしい民間公益活動に取り組んでいたことを忘れてはならない。

この制度は、１１０年後の２００８年に至り抜本的に改革されたが、まさに「元祖ＮＰＯ」の制度といってよい。

（財団法人義倉《ぎそう》）

義倉は１８９９年（明治32年）に広島県福山で設立され、当初は救貧、災害被災者支援、流行病防疫などを目的としていた民間団体である。その歴史はもっと古く、１８０４年（文化元年）に始まる。当時福山藩では凶作や重税に苦しむ農民一揆が頻発していたが、庄屋石井武右衛門は死に臨んで遺産の銀60貫を社会有用に役立てるよう庄屋河相周兵衛に託した。河相はこの遺志を活かすため、貧農救済資金として活用する「福府義倉」を設立した。これが明治になり財団法人としての許可を得て、以後１１０年、明治、大正、昭和、平成の激動を乗り越え、目的も時代時代の変遷するニーズに併せつつ、現在では地域の市民団体等への助成を主目的とする一般財団法人義倉として活動を続けている。

（財団法人会津育英会）

戊辰戦争の敗北という辛酸の中で、郷土の復興を教育・人づくりにかけた会津の旧藩士たちは、１８８２年（明治15年）私黌《しこう》「日新館」（のちに私立会津中学校）を設立したが、その基金の多くが全会津住民総戸数の63％に及ぶ２万４６９３名からの２万８７００余円という寄付金によるものであった。私立会津中学校は後に県立に移管したが、この基金を活用して、１９０１年（明治34年）会津若松地方の有用な人材を育成するための奨学金支給を目的とする財団法人「会津育英会」に衣替えし、現在も公益財団法人として活動している。まさに郷土の住民が支え、地域をあげて人材育成に取り組んできたもので、先人たちの息吹は、１１０年の歴史を経て今も受け継がれている。

二つの事例を紹介したが、もちろんこれにとどまらない。二宮尊徳の報徳思想による、今でいうボランティア活動を農村で実践する組織の多くが公益法人となった。地元の富商の寄付による救貧救済のための秋田感恩講、角館感恩講も、財団法人・公益信託の嚆矢としてよく知られているところだ。少し時代は新しくなるが、ノリタケグループの創立者森村市左衛門が設立した森村豊明会１９１４年（大正３年）、銀行家原田二郎が設立した原田積善会１９２０年（大正９年）、宮城県の実業家斎藤善右衛門が私財を投じた斎藤報恩会１９２３年（大正12年）は、いずれも米国における有名なカーネギー財団（１９０６年）、ロックフェラー財団（１９１３年）、フォード財団（１９３６年）の設立と前後しており、日本のフィランソロピーの歴史は米国のそれに比し、決して遅れていたものではないことがわかる。

戦後のＮＰＯの変遷と今後

第２次世界大戦による敗戦後、主権在民を基本とする新憲法の理念の下、多くの法制度が制定、改廃される中で、公益法人制度は延々と２００８年まで何の改正もなく１１０年間続いたのは、ある意味で奇跡のようなものであった。アナクロニスティックで非民主的な制度の改正を要求する、市民セクターの力量が未成熟であったことも原因であるが、公益法人の許可監督制度を一手に握る主務官庁が、不要不急の仕事を創設し税金を投入し、天下り先を確保するための装置として活用する（乱用するといってもよい）ための装置として温存し、改革の動きには常に面従腹背であったことが最大の原因と思う。

このようなことから、公益法人はいわば役所の外郭団体であり、公益を担う民間の非営利組織ではないという一部の見方すらあった。

米国ジョンズ・ホプキンス大学教授のレスター・M・サラモン教授の定義した非営利組織たる要件。①正式に組織されていること、②民間であること、③利潤分配をしないこと、④自己統治されていること、⑤自発的であることのうち②に該当しない、④もあやしいというものである。

しかし、大多数の公益法人は民間の活動、民間の資金、民間の知恵により運営されるＮＰＯそのものであったことを忘れてはならない。

１９９５年の阪神淡路大震災の際のボランティア団体による目覚ましい支援活動をきっかけとして、そのような小さな市民団体が簡便に法人格を得たいという運動が大きなうねりとなり、特活法人制度が誕生する（１９９８年）。これにより、わが国は幅広い多目的の公益活動ができる公益法人制度というＮＰＯのほかにもう一つ特活法人というＮＰＯが並立することとなった。

他方、公益法人制度のほうも改革の動きが徐々にみられるようになった。直接的なきっかけは、１９９６年の当時の与党3党プロジェクトチームの提言であったが、これに基づき構成員の利益を目的とする共益のための法人に、簡易な手続きで設立を認める中間法人法が２００２年に施行された。次いで、難攻不落、岩盤のように固かった民法による公益法人制度の改革論議も進んだ。そして遂に２００８年12月1日、民間の自発的な公益活動を奨励し、促進する観点からの新公益法人制度が誕生した。

ここに、二つのそれぞれ特徴のある民間公益組織のための器《うつわ》がそろったのである。公益税制も素晴らしいものとなった。私たち市民は、これからの厳しい日本社会のさまざまな社会的課題を解決するために、民間の、民間による民間のためのこれらの制度を上手に活用していきたいと願う。

2　法人制度と税制

公益財団法人助成財団センター理事長　山岡義典さん

都市計画の研究や実務についた後、トヨタ財団にてプログラム・オフィサーに着任。１９９６年、日本ＮＰＯセンター設立とともに常務理事・事務局長に。２００８年代表理事、２０１２年退任、顧問に。２００１年、法政大学現代福祉学部教授、２０１２年退職、名誉教授に。２００２年、市民社会創造ファンド設立、運営委員長に就任、現在に至る。２０１４年、助成財団センター理事長に就任、現在に至る。編著に『ＮＰＯ基礎講座』『ＮＰＯ実践講座』など。

市民の活動

市民の活動は何の制度的な保障がなくても、法に違反しなければ自由に行うことができる。しかし社会的な存在として多くの人や組織を巻き込みながら継続的に活躍し、社会の変化をもたらすような影響力を発揮するためには、それにふさわしい法人制度や税制が必要だ。その点で、この20年間は大きな議論が行われ、大きな制度基盤が整備されてきた。この動きを簡単に整理したのが図1である。

明治民法による公益法人制度

営利を目的としない民間の組織に法人格を与える制度としては、１８９８（明治31）年に施行された民法第34条による公益法人（社団法人と財団法人）の制度があった。公益法人は主務官庁の許可によって設立され、その後も監督を受けるというもので、政府の縦割りに支配された法人制度である。

ＮＰＯ法による市民公益法人制度

これでは市民主体の政府の縦割りを超えたような活動はできない。そこで市民の使いやすい非営利の法人制度を実現しようという動きが90年代になって始まり、95年の阪神・淡路大震災をきっかけに具体的な立法運動へと展開した。国会議員の有志が市民団体との議論を深めながら超党派による議員立法で98年3月に成立させたのが、特定非営利活動促進法（ＮＰＯ法）であった。

図1　非営利法人制度と公益概念の変遷

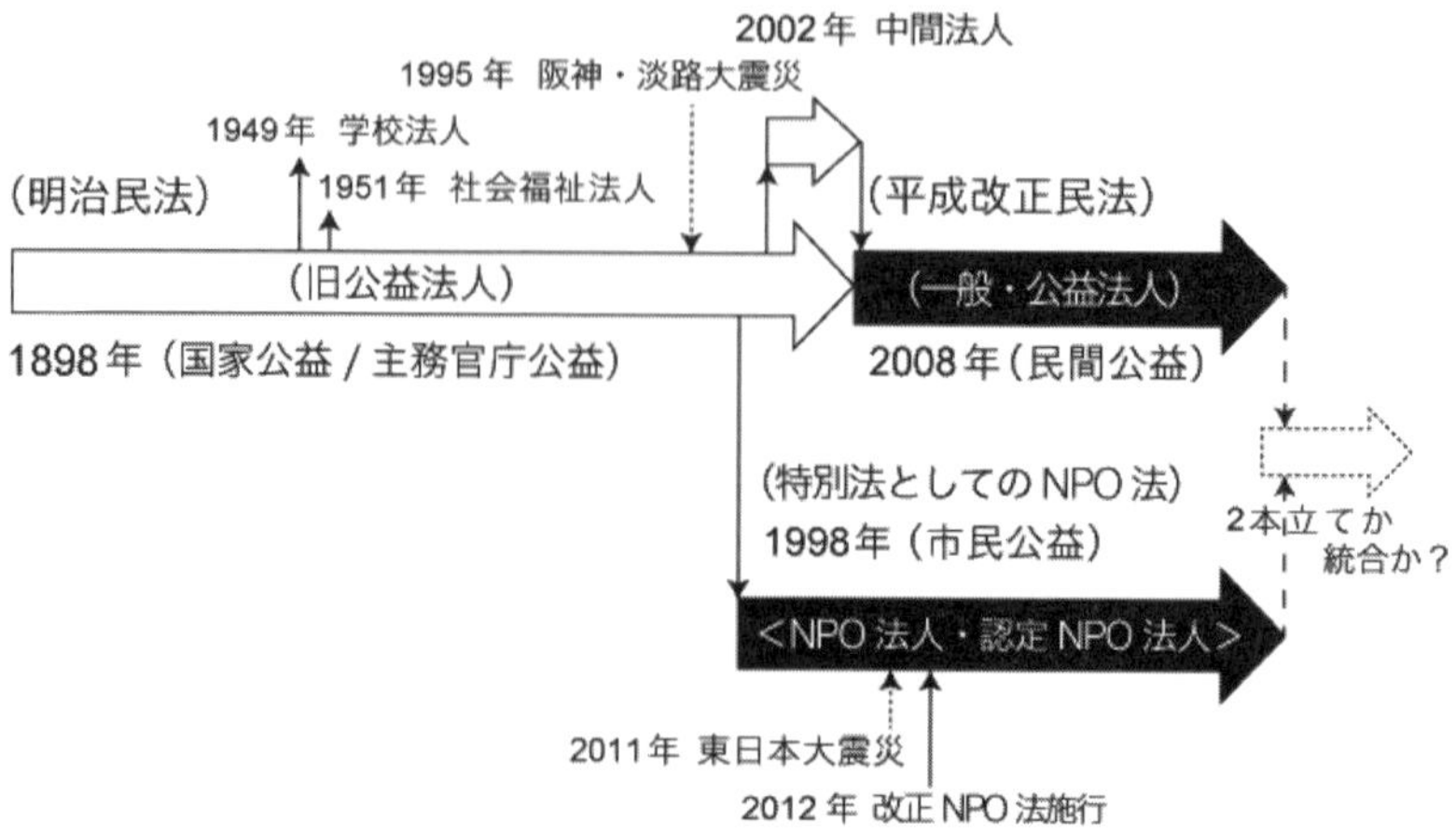

民法34条の特別法としての制約はあるものの、所轄庁の認証と登記によって行政の縦割りに支配されない非営利法人制度ができた。民法制定１００年目のことだ。同法は同年12月に施行、以後、各地に多数の特定非営利活動法人（ＮＰＯ法人）が誕生した。この制度の確立を私は「市民公益法人制度」の確立と呼んでいる。01年には寄付金控除の対象となる認定特定非営利活動法人の制度もスタートした。東日本大震災後の11年６月にはＮＰＯ法が大幅に改正され、税制については同年６月に、法人制度については13年４月に施行された。

民法の抜本改正による民間公益法人制度

一方、民法34条による公益法人制度そのものの問題も頻発し、行政改革の視点による抜本改正の議論が01年から始まった。こうして06年には公益法人制度改革関連３法が成立し、08年12月、ＮＰＯ法施行から丁度10年後、施行になった。準則主義で登記により自由に設立される一般法人（社団法人と財団法人）と、その中から行政庁の公益審査を得て認定される公益法人（社団法人と財団法人）の制度である。活動分野ごとの主務官庁はなくなり、活動の自由度は大幅に広がった。施行以前から存在した旧公益法人は、施行後５年（13年11月）までに一般法人か公益法人に移行申請することになり、すでにほとんどの移行が終了した。一方、多くの新しい団体が一般法人を設立し、そのうちのあるものは公益法人になっている。この制度の確立を私は「民間公益法人制度」の確立と呼んでいる。しかし、まだまだ課題も多く、現実の運用を観察・監視しながら、今後も改革の努力が必要であろう。

2つの制度の枠組み

以上の2つの制度が、今後どうなるか。いつまでも2本立てでいくのか、あるいはどこかで統合に向かうのか、それは各制度の今後の社会的な評価にも寄ってこよう。いずれにしろ、現在の私たちが、さまざまな分野で新しい活動をしたいとき、そして法人格をもち、できれば寄付金控除も得たいと考えたとき、以上の2つの制度のどちらかを選ぶことができる。その選択の可能性を図示したのが図2だ。

大抵の場合、まず任意団体を立ち上げて活動を開始する。その先に3つの選択肢がある。一つは所轄庁の認証と登記により設立される特定非営利活動法人（NPO法人）、一つは登記のみで設立される一般社団法人と一般財団法人。

ここからさらに寄付金控除を受けたいと考えれ

図2　非営利法人の種別と税制優遇の枠組み

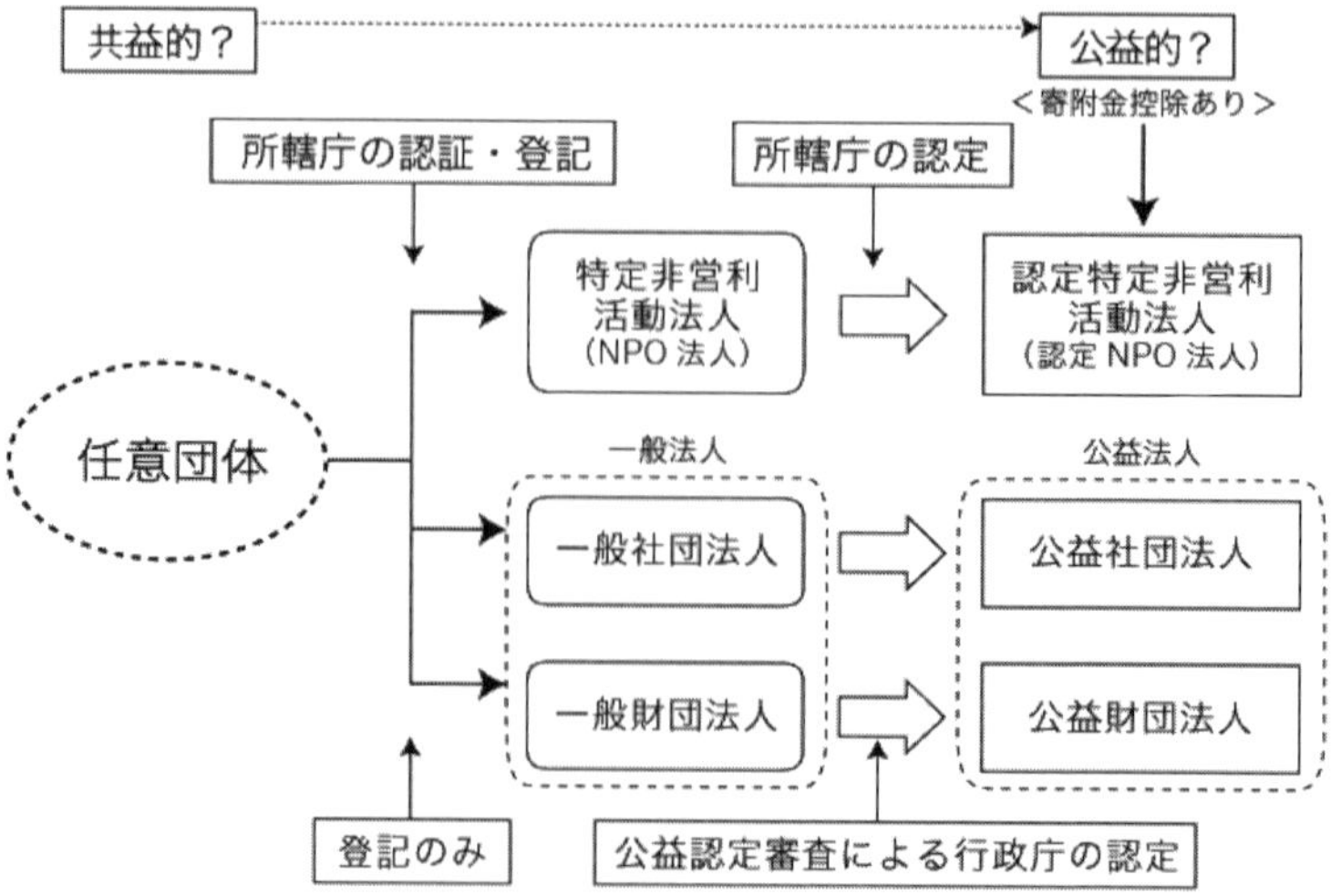

ば、ＮＰＯ法人では所轄庁の認定による認定ＮＰＯ法人になる。一般社団法人と一般財団法人の場合には、公益認定審査機関への諮問による行政庁の認定で、公益社団法人や公益財団法人になることができる。しかし現在の問題は、ＮＰＯ法人や一般法人の数は増えるものの、認定ＮＰＯ法人や公益法人は、なかなか増えないということだ。それぞれの認定のハードルを、どう下げていくのか、それが制度的な課題でもある。もっとも、いずれの認定を受けたにしろ、それだけで寄付が集まるというわけではないのも勿論ではある。

3　議員立法で生まれたＮＰＯ法

シーズ・市民活動を支える制度をつくる会　常務理事　関口宏聡さん

１９８４年生まれ、千葉県出身。２００９年、東京学芸大学卒業。在学中の２００７年６月からシーズに加わり、寄付拡大のための活動を展開するＮＰＯ法人「日本ファンドレイジング協会」の設立（２０１０年）にかかわった。市民グループが主導した２０１１年の「新寄付税制・ＮＰＯ法改正」実現では、シーズの一員として中心的な役割を果たした。制度の活用促進のため、ＮＰＯ・市民への普及活動に奮闘中。新宿区協働支援会議委員など。

シーズ・市民活動を支える制度をつくる会（以下、シーズ）は、94年に結成された市民活動団体です。結成以降、現在は代表理事を務める松原明を中心に、約20年にわたって日本の市民活動団体・ＮＰＯのための制度づくりを行ってきました。

今では、国民の8割に認知され、法人数も5万に達するなど「ＮＰＯ法人（特定非営利活動法人）」も当たり前のものとなってきています。最近ではなかなかＮＰＯ法人制度の背景や歴史まで注目を浴びることも少なくなってきましたが、この制度の創設やその後の改正は、多くの市民・ＮＰＯや国会議員、マスメディアの方々などの奮闘の末、実現したものであり、画期的なプロジェクトでした。ここでは、その歴史と意義をご紹介したいと思います。

ＮＰＯ法人制度はニーズから生まれた制度です。ＮＰＯ法（特定非営利活動促進法）が98年12月に施行されて制度がスタートするまで、市民活動や社会貢献活動を始めたい方が今のように「法人」をつくることは非常に困難でした。欧米では当然のように整備されている制度が日本には無かったため、多くの場合は「任意団体」のままで活動していましたが、法人名義での契約・財産保有ができないなど数々の問題があり、とても不便でした。そこで、さまざまな分野・団体の市民が「市民活動や社会貢献活動に適した法人制度を創ろう！」と立ち上がり、シーズもその中心となって法制化に向けた運動を始めました。

ここまでなら、当時もそれほど珍しくありませんでしたが、ＮＰＯ法が特徴的だったのは「議員立法」での制定を目指した点です。法律を制定するには、大きく分けて「閣法（政府提出法案）」と「議員立法（議員提出法案）」の2種類があります。国会は「立法府」ですから、法律を制定するのが主な仕事ですが、当時はその大多数が閣法と言われる政府（省庁・官僚）が作成・提出する法律で、国会議員自らが法案を考え、利害を調整し、各党の賛同を得て成立させる議員立法はほとんど事例がなく、閣法でないと法律制定は無理と思われていた面もありました。

しかし、ＮＰＯ法は加藤紘一衆議院議員（当時）や辻元清美衆議院議員らの尽力もあって、98年3月に議員立法で成立しました。ＮＰＯ法の事例は、社会に必要な法律制定を政府・官僚任せにせず、市民やＮＰＯ自らが、国民から選ばれた代表である国会議員に直接働きかけて、ともに困難な法律制定へ取り組んだ先駆例にもなっています。

ＮＰＯ法施行後は、超党派の国会議員による「ＮＰＯ議員連盟」が結成され、認定ＮＰＯ法人制度（ＮＰＯ支援税制）も紆余曲折を経て01年に実現することとなります。ＮＰＯ法も認定ＮＰＯ法人制度も制定して終わりではなく、実際の現場や運用で出てくる問題に対応するため、ＮＰＯ側から何度も要望を行い、改正を重ねています。

特に、11年の改正は「認定ＮＰＯ法人等への寄付金税額控除方式（納税額自体を減らす仕組み）の創設」や「認定ＮＰＯ法人に関して、国税庁から所轄庁（ＮＰＯ法人の窓口となる都道府県や政令市）への認定機関の移管」、「仮認定制度（ＮＰＯ法人の設立から5年間は認定を取りやすくする仕組み）の導入」など、ＮＰＯ法制定と同様に画期的なものとなりました。現在ではＮＰＯ法人制度だけでなく、優遇税制が受けられる認定・仮認定ＮＰＯ法人制度も、時間はかかりましたが徐々に日本社会に根付きつつあり、全都道府県に合計約９００法人が誕生するまでになりました（15年4月現在）。新公益法人制度も施行から6年が経ち、市民が公益を担う時代の環境整備はかなり進んでいると言えます。

しかし、ＮＰＯ法や認定ＮＰＯ法人制度には、まだまだ改善しなければならない点もあり、シーズは現在もＮＰＯ法改正やさらなる寄付税制の拡充などを求めてアドボカシー（政策提言活動）を継続中です。多様化するＮＰＯ法人の課題をくみ取っていくのと合わせて、財政難から優遇税制見直しを狙う政府・財務省への対応など、やらなければならないことは山積しています。

これからも、シーズは社会変革を目指す市民・ＮＰＯのため、活躍しやすい制度・環境づくりに全力で取り組んでいきます。ご支援・ご協力をよろしくお願いいたします！

4　震災復興とＮＰＯ

東日本大震災こども未来基金理事長・仙台大学教授　高成田享さん

１９４８年岡山市生まれ。東京大学経済学部卒。１９７１年朝日新聞社入社。経済部記者、アメリカ総局長、論説委員などを務め、96年にはテレビ朝日「ニュースステーション」キャスターを兼任。２００８年から宮城県石巻支局長として漁業を取材。11年2月に退社。同年4月から現職。著書に『さかな記者が見た大震災』など。

95年の阪神・淡路大震災では、全国から学生を中心とするボランティアが支援にかけつけた。そこから、ボランティアという言葉と活動が日本の社会に広く定着し、認められるようになった。だから、この年は日本の「ボランティア元年」と呼ばれている。このときのボランティアの「功績」は、それだけではない。ボランティアを含むいろいろな市民活動に法人格を認めるためのＮＰＯ法づくりが国会内で加速し、98年には特定非営利活動促進法が制定される促進剤にもなった。

11年3月に起きた東日本大震災では、全国から多くのボランティアがかけつけ、ヘドロに埋まった家や道路の掃除や後片付けから始まって、避難所や仮設住宅で暮らす被災者のケア、遊び場を失った子どもたちの保育や教育など息の長い活動に続いていった。それに加え、多くの企業も復興支援のために、資金や資材、人材を積極的に提供した。その結果、震災復興の現場では、行政による災害救助・復興事業と、市民レベルのボランティア活動や企業の復興支援活動とが併行し、ときには連携して進められることになった。

09年に成立した民主党政権は、「新しい公共」という言葉で、さまざまな社会的な課題に、政府（中央政府及び地方政府）部門、企業部門、市民部門が連携して取り組む理念を提示した。東日本大震災は、この「新しい公共」の実践と実験の場となった。政府が11年4月に設けた東日本大震災復興構想会議は、同年6月に「復興への提言～悲惨のなかの希望～」と題した震災復興の構想を示し、筆者も同会議の委員として、このビジョン作りに参画した。そのなかでは、「新しい公共」の役割について以下のように提言している。

「今後、被災地の復興および日本の再生を進めていくにあたっては、身近な分野で多様な主体が共助の精神で活動することが重要である。こうした動きを後押しし、市民の力が最大限に発揮されるよう、活動現場からの視点に立ち、制度・仕組みの構築等に取り組む必要がある。これによって、国民一人ひとりに居場所と出番があり、人に役立つ幸せを大切にする社会を目指すべきである」

委員としてこの提言の実効性について検証する機会はなかったが、震災復興における「新しい公共」の実際の役割については、さまざまな教訓を得ることができた。以下、それぞれについて、筆者なりの見方を述べていきたい。

政府部門

「新しい公共」という視点から政府部門の動きを検証すると、残念ながら及第点というわけにはいかない。あれだけの未曾有の災害に直面しても、中央政府はそれぞれの縄張り意識からほとんど脱け出すことができず、災害復興における権限と予算の獲得に執着した。復興構想会議は「復興構想7原則」のひとつを次のように定めた。

「被災地の広域性・多様性を踏まえつつ、地域・コミュニティー主体の復興を基本とする。国は、復興の全体方針と制度設計によってそれを支える」

ところが、実際の復興にかかわるさまざまな制度と予算は、地域の多様性を無視した各省庁の縦割りで決められ、それが復興庁の窓口を通じて県に下ろされ、さらに県から市町村に下ろされることになった。大規模な震災によって、面としての機能を失った被災地の現場では、福祉、医療、教育、産業、雇用、環境など、さまざまな分野にかかわる総合的な復興支援策が求められているなかで、各省庁の「ひも付き」で、使い勝手が悪く、重複が多い政策が被災地に向けられた。

それぞれの地域の必要性に応じて自由に使える予算が復興基金のような形で市町村に委ねられれば、総合的な復興支援は可能だったはずだが、復興支援のレベルの公平性を保つという中央政府の論理が貫かれた。ギリシャ神話には、寝台の大きさに合わせて旅人のからだを伸ばしたり、切り取ったりする盗人の話が「プロクロステスの寝台」として残っているが、被災地の人々は、まさに中央官庁の用意した寝台にくくり付けられたわけだ。被災地の市町村に復興資金が預けられず、中央官庁にプールされた結果は、復興予算が被災地以外で使われるという問題を引き起こした。

有効に使われた公的な予算のひとつは、緊急雇用対策の名前で、被災した市町村から供与された資金だろう。この資金を使って、多くのＮＰＯや市民団体は、震災で雇用を失った人たちや、震災後に支援活動に入ってきた人たちを雇いながら、仮設住宅などで暮らす被災者のケアや、被災地の物品を販売する店舗事業などに取り組むことができた。また、内閣府の「復興支援型地域社会雇用創出事業」は、地域のＮＰＯや非営利団体を通じて、「社会起業インキュベーション」として約６００の起業に助成金を出し、「社会起業創出インターンシップ事業」として約２０００人のインターンシップを創り出した。

筆者は、ある団体が請け負ったインキュベーション事業で、助成金を出す起業家を選ぶ委員をしたことがあった。その後、フォローアップを兼ねて起業家を訪ねると、それぞれに助成金を生かしながら、新しいビジネスを続けているところが多かった。小規模ながらも、公的な資金がビジネスの呼び水になることを実証したといえる。

なお、復興費用のかなりの部分を占める公共事業は、被災地の住民の意識とはかけ離れたところで決定されてきたが、その悪例となったのが防潮堤だった。復興構想会議は、大自然災害を完全に封ずることができるとの思想ではなく、災害時の被害を最小化する「減災」の考え方が重要だとして、「これまでのように専ら水際での構造物に頼る防御から、『逃げる』ことを基本とする防災教育の徹底やハザードマップの整備など、ソフト面の対策を重視せねばならない」と提言したが、実際には、巨大な防潮堤を美しい海岸線に張り巡らせる結果になった。

それぞれの地域で、住民の思いが防潮堤に込められなければ、防潮堤頼みの意識がはびこり人的な被害を大きくする、という今回の震災の教訓が生かされなかった。防潮堤こそ「新しい公共」の理念で設計されるべきだった。

企業部門

「新しい公共」という視点から、今回の震災復興で、もっとも活躍したのは、企業部門ではないだろうか。すばやい資材や資金の提供で、被災地の人々を助けた。被災地のＮＰＯや市民団体の多くも、いろいろな企業からの支援金を使いながら、被災者の支援活動に取り組むことができた。公的な資金がその性質上、過重ともいえる書類の提出や、出来高払いによる予算執行などによって、緊急性、柔軟性を発揮できないなかで、企業からの資金は即効性があり、復興支援組織にはありがたい「軍資金」となった。

また、震災の被害の特にひどかった水産業を復興させる目的で作られた「希望の烽火《のろし》プロジェクト」は、元外務官僚の岡本行夫さんが震災直後から、三陸の水産拠点に入り、三菱商事、キヤノン、住友商事、三井物産などの協賛企業から拠出された資金を使って、冷蔵倉庫などを次々に設置した。水産基地をどう立て直すかの復興計画がなかなか定まらないなかで、漁業者や魚市場、水産加工など水産業を営む人々にとって、文字通りの「希望ののろし」を上げる効果があった。

復興が進むにつれて、企業の被災地とのかかわりは、ビジネスがらみのものになり、復興がらみの公共事業に参加したり、独自の復興プロジェクトに公的資金の導入を求めたり、自分たちのビジネスを広げることに使ったりするものになったりしてきた。利益を主とする企業もあったが、「大きな損をしない範囲」で復興ビジネスにかかわる企業も多く、そうした企業の現地駐在員は、復興支援という理念で働いている人たちが多かった。

また、「プロボノ」という名前で知られるようなったが、企業などに勤める専門職を持った人たちがボランティアの形で被災地の復興支援に入るようになった。企業側も通常の有給休暇とは別に「ボランティア休暇」の制度を設けて、社員のボランティア活動を支えるところも出てきた。

企業も地域を支える一員という意味で「企業市民」という言葉が生まれ、「企業の社会的貢献（ＣＳＲ）」が企業の価値を表す重要な指標のひとつになってきた。今回の震災復興は、こうした企業の新しい活動を促すことにつながった。

ソフトバンクグループを率いる孫正義さんが個人で拠出した１００億円が基になった「東日本大震災復興支援財団」は、被災地域の高校生を対象に学資支援をする「まなべる基金」、宮城県の子どもからトップアスリートを育てる「みやぎジュニアトップアスリートアカデミー」、福島県の原発事故によって不自由を強いられているこどもたちを支援するプロジェクトへの助成など、幅広い活動を続けている。米国では、マイクロソフトの創業者であるビル・ゲイツ氏が創設したビル＆メリンダ・ゲイツ財団のように成功した企業家が社会事業を始めることは珍しくない。サラリーマン社長が多い日本では、企業の名を冠した財団はあるが、個人が多額の拠出をする社会事業が多いとはいえない。孫氏の活動は、日本のアントレプレナーのあり方を示すひとつのモデルになるだろう。

市民部門

今回の震災復興では、既存の多くの市民団体が復興支援に積極的に取り組むとともに、被災地の中心に多くの市民団体が復興支援を目的に立ち上がった。「新しい公共」の空間を大きく膨らませたのは、なんといってもこうした市民団体の力だろう。

今回の震災では、約１７００人の遺児（両親または片親を失った子ども）が生まれたといわれる。復興構想会議の委員でもあった建築家の安藤忠雄さんは、こうした震災遺児を支援する「桃・柿育英会」を立ち上げ、そこで集まった募金を岩手、宮城、福島３県に寄付することで、それぞれの県庁に育英基金を設けさせ、公的な支援組織体制を作った。親をなくした子どもたちの支援を続けている「あしなが育英会」も東日本大震災の遺児への新たな窓口を設け、支援金の支給のほか、遺児たちが集えるレインボーハウスを仙台、石巻、陸前高田に建設した。

このほか、いくつもの遺児支援組織がつくられ、筆者たちが震災直後に立ち上げた「東日本大震災こども未来基金」（ＮＰＯ法人）もこれまでに１６１人の小学生から高校生までの児童・生徒に学資支援をしてきた。ほかの団体も同じだと思うが、支援を受けている子どもたちからは、「多くの人たちに支えられているということがわかり、気持ちが強くなった」、「あきらめていた大学進学をめざすことになった」といった声が私どもの団体にも届いている。

震災遺児にかぎらず、子どもたちは、親が職を失ったことで生活苦になったり、遊び場が仮設住宅などの建設でなくなったり、仮設住宅のなかで勉強する空間がなくなったり、震災のトラウマに悩まされたり、さまざまな苦労を背負うことになった。こうした子どもたちをケアし、支援するために、いろいろな団体が被災地で活動している。

全国で高校生の学習支援をしてきた「カタリバ」（ＮＰＯ法人）は、代表の今村久美さんが主導して、岩手県大槌町と宮城県女川町に、小学生から高校生までを対象にした「放課後学校」を設け、有給のスタッフやボランティアによって、有料で指導している。民間からの寄付を主体に、一部を自己負担とすることで、長期的な運営ができる体制を整えた。ボランティアだけに頼ったり、公的な助成金を主にしたりすると、長期に続けることが難しくなるのを考えてのことで、復興支援の新しいモデルだろう。

宮城県石巻市の学校や仮設住宅集会場などで、放課後の学びや遊びの場をつくる活動を震災直後から続けている「プロジェクト結」は、「先生の学校」を展開する「ＮＰＯ法人エデュケーショナル・フューチャーセンター」の長尾彰代表が理事の中川綾さんらとともに立ち上げた。日曜日から土曜日までの一週間を単位として、一般からのボランティアを募集し、現地で事前研修を受けたのち、現場で活動をしてもらう。企業や団体で働く人が有給休暇を取って参加する例が多く、「プロボノ」の好事例だろう。

仮設住宅のケアは、各市町村の委託事業という形で、多くの団体が続けている。今後、公営の復興住宅などへの移転がふえていけば、仮設住宅に住む人の数は少しずつ減っていき、残された人たちは、生活が苦しい高齢者などになっていくと予想される。そういう人たちだけで、仮設のコミュニティーを維持していくのは難しくなると予想されるうえ、仮設の統廃合が進められれば、仮設から仮設へ移らなければならない人も出てくるだろう。孤独死を避けるためには、仮設住宅に住む被災者への見守りやケアは、ますます重要になっていくだろう。

被災者のケアという点で、ユニークな取り組みとして紹介しておきたいのは、宮城県石巻市の「ＮＰＯ法人フェアトレード東北」（ＦＴＴ）が行った在宅被災者へのケア事業だ。代表の布施龍一さん率いるＦＴＴは震災当初から、石巻市の中心地から離れた「郡部」と呼ばれる地域などの避難所や、いろいろな事情で避難所にも入れない家々を回り、「セカンドハーベスト・ジャパン」などの協力で入荷した食料品などを配布した。

仮設住宅の建設が進み、救援体制が一段落してからは、仮設住宅に入らず、壊れたままの家に住む「在宅被災者」の救援やケアに力を入れた。その実績から、石巻市の委託事業として活動を続け、市の緊急雇用事業の枠組みで、ケアする人々の雇用をふやしていった。13年度まで続いたこの事業では、年間50人程度の雇用を確保し、約２０００世帯をケアしてきた。「孤独死を絶対に出さない」をモットーに、実際の見守りでは臨床心理士を加えるなどして、被災者の状態に合わせたケアを進めた。14年度は、緊急雇用事業が打ち切られる一方、在宅の人たちも家屋の修理などが進んできたため、事業をやめた。

こうした被災地や被災者の実情にあわせたケア活動は、行政の目が届かないところに支援の手を差し伸べた点で、ＮＰＯならではの活動だといえる。被災者支援をボランティアの領域から社会事業に転換させたことは、今後の復興支援でも役立つノウハウだろう。しかし、地元の団体に共通する弱みで、民間からの支援が不足し、公的な資金に依存することになったため、市が委託を打ち切った段階で、事業そのものの継続もできなくなった。

ＦＴＴが母体になったもうひとつの事業が「ソーシャル・ファーム」で、高齢者や障害者に野菜作りやコメ作りで、からだや心の健康増進をはかろうというものだ。この事業を主とする「アルコバレーノファーム」という会社が設立され、農業に基づいた社会事業（ソーシャルビジネス）を進めている。

震災の悲劇を乗り越えて国際交流に拡がった運動もある。石巻市の小中学校や幼稚園7校で英語の助手をしていた米国人女性、テイラー・アンダーソンさんは石巻市立万石浦《まんごくうら》小学校で、子どもたちを避難させたあと、自宅に戻ろうとして津波にさらわれ亡くなった。彼女の両親は、テイラーさんが力を入れていた子どもに本を読ませる活動を継続するために、弔慰金などを基に基金を作った。彼女が卒業した米国の高校に設けられた基金には、米国内から多くの募金が集まったため、テイラーさんが教えていた石巻の7校に「テイラー文庫」を贈ることにした。石巻在住の木工作家、遠藤伸一さんが制作した木製の本棚に、テイラーさんが好きだった英語の本などを入れたものだ。

テイラー文庫をきっかけに、文庫の英語の本をもとにした読み聞かせの運動が始まったり、テイラーさんの教え子たちが米国にホームステイし、その見返りに米国の子どもたちが石巻を訪れたりといった運動が広がったのだ。米国にあった基金は14年に日本に移され、「ＮＰＯ法人テイラー・アンダーソン記念基金」として活動を広げることになった。筆者も理事のひとりとして、「日米のかけ橋になりたい」と願ったテイラーさんの遺志を生かす手伝いをしている。震災で3人の子どもをなくした遠藤さんも、「アンダーソン夫妻の気持ちが託されたテイラー文庫作りの仕事をすることで、働く意欲が戻ってきた」と語っている。子どもをなくしたアンダーソン夫妻の運動は、いろいろな「再生」を被災地にもたらしている。

被災各地で広がったＮＰＯなどの市民活動は、それぞれの苦労とともに心温まる物語を織りなし、まさに百花繚乱になっている。ＮＰＯやボランティアになじみのなかった被災地の人々にとって、震災直後から被災地に入り、ヘドロの泥かきから商売の再開まで手伝ってくれた人々がたくさんいたことは驚きと感謝の連続だった。石巻の鮮魚店「プロショップまるか」は、震災後、しばらくの期間、ボランティアと名乗れば、水曜日の昼食は無料というサービスを続けた。「報酬もなく一生懸命に働いてくれる人たちに、こちらも何かしなければと思った」と店主の佐々木正彦さんは語っていた。「被災地支援」のゼッケンを付けた人々が地元で受け入れられたことを示すエピソードだ。

志をもって

東日本大震災という未曾有の災害に対して、国内外の多くの人々が支援の手を差し伸べ、被災地の人々は、そのぬくもりに生きる勇気を与えられ、復興に立ち向かうことになった。阪神・淡路大震災の95年が日本のボランティア元年であるなら、ボランティア歴16年に発生した東日本大震災は、日本の「新しい公共」の空間を量的にも質的にも広げるビッグバンになった。

活発期を迎えた地震列島に住む私たちは、東日本大震災の教訓をこれからの大災害に生かしていかなければならない。行政府セクターの習性と行動から得られる教訓は、中央集権から地方分権を進めなければ、災害からの復興に柔軟に対応することができず、結果的には復興も遅れるということだ。権力や予算を地方に渡しても、ちゃんと使われるかどうか信用できない。中央官庁の役人からよく聞く言葉だ。それなら、権力と予算を渡したうえで、地方からお目付け役として、副市長なり助役なりを出せばいいのだ。中央官庁の料理人たちがそれぞれの縄張りにしがみついたまま定食を用意して、地方に「A定食か、B定食か」と、選ぶ権利しか与えなければ、地方の実情にあった郷土料理はつくれない。「新しい公共」の空間で、行政が住民の頼りになるセクターとして振る舞いたければ、このことを忘れてはならない。

企業セクターは、企業市民として、「新しい公共」空間で十分に働けることを、今回の震災復興で示した。震災直後の利他的な企業行動が次第に企業利益をも考えた復興支援に変質していったのも、非難されるべきではなく、むしろ、企業の復興支援が長期にわたって継続することにつながっていると思う。企業にとっても、震災復興の過程で得た経験は今後、市民との距離を近づけたり、新たな災害に備えたりするときの大きな力になったはずだ。「情けはひとのためならず」は、企業の活動にもあてはまる。

市民セクターの震災復興での活躍は、「新しい公共」の可能性を大きく膨らませる原動力となった。特に、若い人たちが積極的に被災地に入り、復興の手伝いをする姿は、これからの日本がＧＤＰの大きさだけではなく、幸福度という尺度でも世界に誇れる国になれるのではないかという希望を持たせてくれた。

また、ＮＰＯを含む市民活動が民間の支援や行政からの公的資金を使いながら、無料のボランティアだけでなく、専従スタッフを置くようになったのは、活動の継続と進化という意味で、意味のあるものになった。市民活動＝無料のボランティアというだけでは、市民セクターは広がらない。

今回の震災復興では、一部に公的資金の不正な流用などの問題を起こす団体も出てきた。ＮＰＯ法は、ＮＰＯに対して法人としての収支報告や予算の公開などを義務付けていている。企業に社会的責任があるように、市民活動でも経理の公開を含めた社会的責任があることを肝に銘ずべきだ。

志を持って、しぶとく、無理せずに、「新市民」の活動が広がり、それが「新市民社会」を形作っていくことを期待したい。

5　ＮＰＯ発展期への新しい潮流

新市民伝制作プロジェクト

ＮＰＯ法が施行されて10年の節目を迎えた08年には、明治時代に始まった公益法人制度が１１０年余りを経て改正されるという改革もあった。公益法人の設立に主務官庁の許可がいる制度は廃止され、登記などだけで済む一般法人制度（一般社団法人、一般財団法人）が新たに用意された。非営利活動を担う法人（構成員への利益の分配を目的としない法人）としては、ＮＰＯ法人（特定非営利活動促進法人）、新公益法人、一般法人の３つがそろい、目的や活動内容に応じて使い分けられるようになった。

そうした制度面の変化の一方で、ＮＰＯ法人を中心とする非営利分野では、より多様な人々が多様な形で参加しようとする新たな潮流が芽生えていた。

一つは、「社会に貢献したい」と肩肘張るのではなく、ファッションや音楽などをからめて気軽に活動し、輪を広げる試みだ。貧困撲滅活動に充てる資金を集めるために、リストバンドを販売した「ホワイトバンド」運動。風力発電など自然エネルギーを普及させようと著名アーティストが集い、「持続可能な社会」を目指してさまざまな活動を展開している非営利団体「ap bank」。ホワイトバンド運動では集めた資金の使途が不透明だとの批判も出たが、社会課題の解決に「格好よく」挑戦しようとする若者らの取り組みは枚挙にいとまがない。

もう一つは、ＭＢＡ（経営学修士）の資格を持つコンサルタントらビジネスのプロたちが、自らの力を非営利分野で生かそうとする動きだ。起業や経営に不可欠な手法をＮＰＯ法人などの運用に持ち込み、活動を持続・発展させるのが狙いだ。企業経営の世界でも「ソーシャル」（社会的）という言葉が注目され、ＮＰＯを就職先にと考える人たちも出てきている。

「スローライフ」や「ロハス」といった価値観とも共通点があるこうした変化は、00年代から静かに広がり始めた。ＮＰＯ法の制定などをきっかけに「非営利」という視点が社会に浸透してきたこと、インターネットなどコミュニケーションと社会参加を促す新たな技術が普及したことが土台となっている。ＮＰＯ法の実現に奔走した関係者を「第1世代」とすれば、新たな潮流を担う人たちは「第2世代」と言えようか。

ただ、非営利活動もビジネスと同様、資金を欠いては始まらない。会費や寄付がその財源となるが、活動を広げていくには、そうした善意のおカネに頼るだけでは限界がある。行政から事業を受託すれば安定した収入が得られるが、収入を得るために事業受託に追われるようでは本末転倒だ。

企業が利益を目標に活動し、利益を次の事業に投資するように、ＮＰＯ法人などの非営利組織も資金を回していくという意識が欠かせない。そんな「経済活動」と、本来の目的である「社会貢献」をどう両立させていくか。「第2世代」には、そうした問題意識を持つ人が少なくない。

「第1世代」から「第2世代」へと厚みを増してきた日本の非営利分野を、「ヒト」と「カネ」に注目しながら、もう少し詳しく見てみたい。

第1世代では、自らが日々の生活で直面した課題と向き合い、それを解決しようと仲間を募って活動を始めた人が多い。これに対して第2世代では、より組織的に、ビジネス的な手法も使って活動する例が目立つ。コンサルタント会社を辞めてＮＰＯ活動に入った人たちに、とりわけ顕著だ。

途上国の飢餓問題と、先進国の肥満や生活習慣病の対策に同時に取り組む「TABLE FOR TWO International」（07年設立）の小暮真久代表。日本企業の社員を途上国に派遣する事業を手がけ、社員教育と途上国支援を両立させる「クロスフィールズ」（11年設立）の小沼大地代表理事。すべての子どもたちに教育の機会を設けようと活動する「Teach For Japan」（10年設立）の松田悠介代表理事。これらのＮＰＯ法人のトップは、いずれも世界有数のコンサルタント会社の出身だ。東日本大震災の被災地に赴いたことで人生観が変わり、非営利活動の世界に転じた一般社団法人「まちの誇り」（12年設立）の茂木《もてぎ》崇史《たかひと》氏もその一人だ。

こうした事業型ＮＰＯの担い手たちは期せずして、ボランティアというイメージが強いＮＰＯを、職業としてのＮＰＯに変えていく役割も担っている。目指す社会貢献活動を収支にも目配りした事業として成り立たせようとする挑戦であり、そうした取り組みは非営利分野への参加者を増やすことにもつながる。

ビジネスの手法を使おうとすれば、非営利組織も法人格を持つことが不可欠になる。その際に使われるのが、ＮＰＯ法人や公益法人、一般法人といった非営利法人制度だ。

配当などで利益を分配する株式会社と、それができないＮＰＯ法人などは制度が根本的に異なる。とはいえ、株式会社でも配当しないことにすれば非営利法人に近づく。実際に株式会社ながら社会貢献活動を前面に掲げ、「社会企業」を名乗る例もある。逆に、ＮＰＯ法人であっても、一般の企業も手がける事業（収益事業）による利益については法人税が課される。

「社会の公益に貢献する」という目標をしっかりと掲げつつ、活動を持続させるために一定の収益をあげることを強く意識する「第2世代」。ボランティア活動は尊いが、それだけに頼っていてはスタッフ不足に陥りかねないから、一定の給与を支払おうと努める。次の活動に向けた資金を確保し、投資していくサイクルは、配当しないことを除けば企業活動と変わらない。

こうした活動形態は「ソーシャルビジネス」（社会事業）と呼ばれる。「コミュニティービジネス」（地域事業）も、ほぼ同じ意味と考えてよい。違いを言えば、ソーシャルビジネスは特定の地域を越えた広がりを持ち、より規模が大きい印象だ。

ＮＰＯの資金調達と寄付

ソーシャルビジネスをはじめとして、ＮＰＯなど非営利組織の活動を支える資金はどのようにまかなわれているのか。

医療や介護、年金などの社会保障をはじめ、国や自治体が関与する公的なサービスは、税金や保険料といった公費でまかなわれる。一方、民間の企業は、株式や債券などの有価証券を発行したり、金融機関から融資を受けたりして資金を調達する。

ＮＰＯ法人や公益法人などの非営利法人には有価証券の発行が認められていない。ＮＰＯへの融資は、日本政策金融公庫などの政府系金融機関、一部の地方銀行や信用金庫、自らもＮＰＯ法人である「ＮＰＯバンク」などが行っているが、融資の担保となる不動産などの資産がＮＰＯには乏しく、まだまだ少ない。

行政から事業を受託すれば、安定した収入が得られる。ただ、行政がらみの事業は半年～１年といった短期のものも多く、継続して受託するには申請手続きなどそれなりの労力が必要だ。行政への依存に陥らないためにも独自の資金源が重要になる。ＮＰＯ法人は会員を募って会費を集めたり、広く寄付を募ったりしている。

国民が義務として納める税金は、行政の決定と議会の議決を経て支出され、使い道を私たちが直接決めることはできない。これに対し、予め使い道を見定めた上で出すことができるのが寄付だ。このお金の流れを太くしていくことは、ＮＰＯなどの活動を支えるのにとどまらず、私たちが「負担と給付（サービス）」の関係を考えるきっかけにもなるだろう。

寄付を促進する活動に取り組んでいるＮＰＯ法人「日本ファンドレイジング協会」などが発行している「寄付白書」によると、日本の寄付総額（12年）は推定で１兆３６８６億円。国内総生産（ＧＤＰ）の約０・３％で、寄付大国として知られる米国の推定３１６２億ドル（12年。１ドル＝１２０円換算で37兆９４４０億円）と比べるとまだまだ少ない。宗教や教会がからむ米国と単純に比較はできないが、増える余地はありそうだ。

政府も、段階的に寄付を促す優遇税制を導入してきた。一定の要件を満たしたＮＰＯ法人や公益法人に寄付する個人や企業の税金を軽くするのが基本的な仕組みだ。とりわけ、09年秋から12年末まで政権を担った民主党は寄付優遇税制の拡充を進め、「世界でも充実ぶりはトップクラス」と評価される優遇税制を整えた。

個人がＮＰＯ法人などに寄付する場合、国に納める所得税と自治体への住民税に関して、寄付額から２０００円を引いた金額の、最大で半分が戻ってくる。いったん納めた税金の一部を確定申告を通じて返す仕組みで、「税額控除」と呼ばれる。優遇の対象は、ＮＰＯ法人なら一定の要件を満たした「認定ＮＰＯ法人」で、認定要件も民主党政権は緩和した。一人当たり年間３０００円の寄付を１００人から集めていれば認められるほか、設立から5年間は認定ＮＰＯ法人とみなすことができる「仮認定」制度も設けられた。「認定」と「仮認定」を合わせて、約９００法人が対象だ（15年4月現在）。

ただ、寄付税制を巡っては懸念もある。

「ふるさと納税」制度と呼ばれる、自治体への寄付優遇の仕組みとの関係だ。自分が住んでいるのとは異なる自治体に寄付した場合、所得水準に応じて決まる一定額の範囲内なら、寄付額から２０００円を引いた全額が戻ってくる。寄付先の自治体は、お礼と街のＰＲを兼ねて地域の特産品などをお返しに送ることが多く、「２０００円の負担でこんな物が手に入る」という一覧やお得度ランキングが話題になっている。

寄付を受け入れる自治体や寄付者は満足だろうが、ＮＰＯ法人など民間の非営利組織は割りを食うことになる。自治体という「官」とＮＰＯ法人などの「民」との間で優遇税制の格差を放置すれば、健全な寄付文化の発展が妨げられかねない。

政権交代に伴う「揺り戻し」の恐れもある。

民主党政権が主導した寄付優遇税制は、東日本大震災後の11年夏、自民党を含む超党派の合意で実現した。しかし、12年末に政権に復帰した自民党は、ふるさと納税の拡充と手続きの簡素化に取り組む一方、海外の主要国とのバランスなどを理由に、ＮＰＯ法人などへの寄付優遇税制を縮小の方向で見直す方針を示唆する。

優遇税制の導入・拡充に取り組んできたＮＰＯ法人「シーズ・市民活動を支える制度をつくる会」などは

反対運動を続けているが、寄付税制はどうなるか、非営利活動の今後も左右しそうだ。

社会的投資と休眠預金

株や債券に資金を投じてもうけを目指す「投資」と、ＮＰＯ法人などへの「寄付」の中間的な手法として、「社会的投資」への関心が高まってきた。お金を贈与するわけではないので寄付ではないが、利殖を追求しないため一般的な投資でもない。出したおカネが社会課題の解決に役立つことで満足を得る、といった資金の提供を指す。主要８ヵ国会議（Ｇ８）でも議題に取り上げられた。

そうした意識の広がりと、インターネットを中心とするＩＴ（情報技術）の普及が結びついたのが「クラウドファンディング」だ。クラウドとは「群衆」のこと。ネットを使いながら不特定多数の人から資金を募る手法で、ソーシャルファンディング（社会的資金調達）、マイクロファンディング（小口資金調達）と呼ばれることもある。東日本大震災の被災地の復興支援では、農業や漁業再開の資金集めにクラウドファンディングが使われ、出資者には産品を送るといった試みが見られた。

クラウドファンディングでは、ウェブ上で事業の目的や計画を公表し、賛同者を募る。クレジット決済なども使いながら少額出資を集めることが多い。日本では、そのためのシステムを整えてさまざまな事業者の資金調達を支援している「レディーフォー」などが知られる。

一方、資金集めにとどまらず、社会的投資を募ることを通じて地域の課題への関心を高め、活動への参加につなげていこうとする取り組みもある。個人がおカネを出し合って作る市民公益財団の一つである「京都地域創造基金」、地域でのおカネの循環を活発にすることを狙う「コミュニティ・ユース・バンク　ｍｏｍ o」、それに「日本ファンドレイジング協会」などを中心とするグループだ。14年には協議会を立ち上げ、社会的投資を増やすための制度や税制を検討し、実現へのロードマップ（工程表）を発表した。

社会的投資を増やす突破口と位置づけられているのが、金融機関に眠ったまま何年も使われていない「休眠預金」の活用だ。一定の期間が過ぎるとそれぞれの金融機関の収益となっているが、休眠預金をさまざまな社会課題の解決に充てようという試みである。

社会的投資はおカネの出し手の納得感がカギとなるだけに、使い方がずさんだったり不透明だったりすると広がらない。使途とその成果を資金提供者にしっかり説明する仕組みが欠かせない。休眠預金の活用を進めつつ、そうした仕組みを整えることも狙う。グループは議員立法による休眠預金活用の実現を目指して各党に働きかけており、早ければ15年にも法案の国会提出が見込まれている。

セクター間の協働と融合

社会の担い手の分類としてよく使われるのは、3つの「セクター」（分野）という考え方だ。

第1セクターは、国や自治体を中心とする行政。政府が株式を持つ特殊法人や独立行政法人もここに分類される。

第2セクターは企業。営利、つまりもうけることを目的とする組織のグループで、株式会社が代表的だ。

第3セクターは非営利組織。株式会社が利益を配当として株主に分配するのに対し、利益を分配しないことが要件で、NPO法人や公益法人、一般法人が入る。

わが国で第3セクターと言えば、もっぱら行政と民間企業が共同出資して作った会社を指す。そのことに象徴されるように、「行政でも企業でもない、市民を中心としたセクター」への意識が乏しかった。本来は第３セクターの有力な構成員であるはずの公益法人も、省庁の許可で設立される仕組みとして誕生したため、行政の下請けの仕事が中心だったり天下りを受け入れたりと、「疑似第１セクター」の様相だった。

こうした構図が変わり始めたのは、90年代半ば以降のことだ。95年の阪神・淡路大震災を機にボランティア活動が注目され、そうした市民活動の受け皿としてＮＰＯ法人制度が98年にスタートした。その根拠となるＮＰＯ法（特定非営利活動促進法）は、市民団体からの働きかけを受けた超党派の国会議員が法案を提出し、成立させた。「公益」を担うのは、国や自治体の第１セクターだけでなく、非営利組織からなる第３セクターも大切な役割を果たす——。政府でなく市民とその代表者が主導した立法は「市民による公益」の象徴であり、出発点ともなった。

ＮＰＯ法人の誕生から10年後の08年には、公益法人制度にメスが入った。各省庁がそれぞれの担当分野で公益法人（社団法人、財団法人）の設立を許可してきた制度を廃止し、登記などで簡単に設立できる一般法人（一般社団法人、一般財団法人）が新たに設けられた。一般法人の中から公益性が認められる法人を新公益法人（公益社団法人、公益財団法人）として認める仕組みとし、その認定作業は有識者からなる公益認定等委員会が担当する。旧公益法人を新制度に沿って「一般」と「公益」に振り分ける作業も５年をかけて行われ、新制度は軌道に乗りつつある。

こうして「第３セクター」が強化されるにつれて、各セクターがそれぞれの長所を生かし、短所を補いあいながら、力を合わせて課題解決にあたる「協働」の大切さがますます強調されるようになった。

税金の使い道を決める第１セクターは社会の支え合いの根幹を担うが、「公平性」と「正確さ」を重視するため、一部の人だけが必要とするサービスの提供が難しかったり、機動性に欠けたりすることが少なくない。行政を補いながら対案も示す役割を果たすのが第３セクターで、素早い意思決定と行動が特徴だ。利益を株主に配当するのが目的の第２セクターでも、地域社会にも目配りすることの大切さが強調されるようになった。企業の社会的責任（ＣＳＲ＝Corporate Social Responsibility）を自覚し、資金や人材、ノウハウなどの面で社会に貢献しようと努めることが当たり前になった。

こうした流れは、もう後戻りすることはなさそうだ。「第２世代」の台頭に合わせて、各セクターが力を結集する「総働」とも呼べる動きが始まり、セクター間の境界がぼやける「融合」へと進む兆しもうかがえる。

「非営利法人」統一問題とＣＳＶ

セクター間の変化だけでなく、セクターごとの変化にも注目したい。まずは、第３セクター内の動きだ。90年代末に誕生したＮＰＯ法人は、当時は行政の下請け色が濃かった旧公益法人制度への反省から生まれた。00年代になって政府が着手した公益法人制度改革では、誕生したばかりのＮＰＯ法人を含め「非営利法人」全体で制度を統一しようとする動きもあったが、ＮＰＯ法人側から反発を招き、結局は旧公益法人だけの改革に落ち着いた経緯がある。

とはいえ、第３セクターの担い手として社会課題の解決を目指すことのほか、法人への課税や寄付優遇税制を巡っても、ＮＰＯ法人と公益法人の共通点は少なくない。14年12月には両法人制度の主な関係者が一堂に会し、現状と課題について意見交換した。今後も定期的に会合を重ねる予定で、非営利法人制度全体の統一を目指す取り組みに発展していくのかどうか、注目される。

第２セクター、即ち企業の変化も見過ごせない。

企業の社会的責任を巡る議論が本格化したのは、最近のことではない。90年代には大企業中心の経団連が、利益の１％を寄付など社会貢献に充てようという「１％クラブ」の活動に乗り出した。文化面での社会貢献を意識した「メセナ」という概念と言葉も、今ではすっかり定着した。

それらは「企業は誰のものか」を問い直す試みとも言えるだろう。株式会社の利害関係者（ステークホルダー）は、株主だけではない。商品を買ってくれる消費者やビジネスの取引先、自社の従業員はもちろん、地域社会も重要な関係者だからだ。

ただ、「突き詰めれば、株式会社は株主のもの」という大原則は揺るがない。社会貢献活動に力を入れ、企業イメージが高まっても、本業がふるわずに配当が減るようでは株主は満足しない。

そんなジレンマを解消する考え方として注目を集めているのが「ＣＳＶ」だ。「Creating Shared Value」の頭文字をとった略語で、直訳すると「共通する価値を生み出す」。社会と自社に共通する価値を作り出す、つまり本業に近い取り組みを通じて社会に貢献し、それを本業の強化や新事業の創出につなげて自社の利益も増やしていこうという考え方だ。

ＣＳＶは、東日本大震災をきっかけに広がった。多くの企業が被災地支援に乗り出したが、自社の従業員や資金を一方的に投じるのでは取り組みを長く続けることは難しい。株主の納得を得ながら支援活動を続けるために用いられたのがＣＳＶという考え方だった。

第２セクターが第３セクターに接近していくかのような現象は、ＣＳＶの広がり以外にも見られる。コンサルタント会社など民間企業から非営利活動に転じる人が後を絶たないことに加え、企業の社員のまま市民活動にかかわる「プロボノ」の広がりがあげられる。仕事を通じて身につけた技術やノウハウを生かし、ＮＰＯなどの運営に参画していくことは、仕事以外の場で生きがいを見つけ、「パラレルキャリア」を積むことにもつながる。

「社会的投資」の拡大をめざすグループのリーダーのひとり、「京都地域創造基金」の深尾昌峰《まさたか》理事長の口ぐせは「総力戦」だ。深尾さんはさまざまな地域活性化事業にかかわってきただけに、高齢化と少子化で「消滅可能性自治体」が話題になるほど地方が追い込まれた現状への危機感は強い。地元の中小事業者を中心とするさまざまな企業群、ＮＰＯ法人や公益法人などの非営利組織、そして自治体が垣根を取り払って力を合わせないと地域社会は維持できない。そう訴える。

　総力戦に加わるのは、私たち一人ひとりだ。誰もがスマートフォンなどの端末を持ち、さまざまなソーシャルネットワークサービス（ＳＮＳ）などで簡単にやりとりできる時代になった。世代や職種を超えたさまざまな立場の人たちが情報交換し、それぞれの強みを持ち寄る。それがセクター間の壁を崩し、「総働」や「融合」を加速させていく。そんな時代の入り口に、私たちは立っているようだ。

あとがき

本書は、第三部の「新市民伝」を執筆していた辻の遺志を継ぎたいと思った家族に、元同僚の皆様、友人、知人が協力しようと申し出てくださって、「新市民伝制作プロジェクト」として実現しました。

経済部記者として長年政財界を取材してきた辻は、「『現場』にこそ大切なことがある」という信念を持っていました。その「現場」である「市民」の定義する「公益」を出発点とし、それを政府・企業・非営利組織から成る三つのセクターで、それぞれがバランスよく実現していくことが、日本の未来を切り開く鍵になるのではないかと考えていたようです。そのために、三つのセクターが支え合いながら社会に存在していることが不可欠で、だからこそ、まだ力の弱い市民セクター／非営利セクターの成長に寄与するような記事を書いていきたいのだと。

よく辻が引用していた言葉に「創造的カオス（混沌）」があります。英国オックスフォード大学で教えたラルフ・ダーレンドルフ氏が99年に来日した折に、市民の公益活動は「創意豊かで、ある程度特異な団体が乱立する創造的カオスでなければならない」と論じたことに深く共感したのでした。そのカオスとは、「多様性」と言い換えられるとも言っていました。怪しげなＮＰＯが紛れ込むのは「多様性のコスト」だ。だからといって排除しようとすれば、肝心の多様性が失われ、社会を変革していけるような生き生きとした活動、すなわち「多様性の果実」をも生み出せなくなってしまう、と心配していました。だから自分は「多様性の果実」について記事を書き続けたいのだと。

本書は、多くの多様性の果実を一冊にまとめた本になりました。多くの方々のお力添えにより、本書は完成しました。心より感謝申し上げます。

ご登場くださった太田達男さん、山岡義典さん、松原明さん、関口宏聡さん、高成田享さん、渡部達也・美樹さんご夫妻、清水俊弘さん、古賀聡子さん、佐々木秀之さん、内山節さん、辻元清美さん、北澤豪さん、松本裕也さん。第三部の新市民の皆様。「そして今、思うこと」の取材執筆に協力してくださった、一色清さん、安井孝之さん、石川尚文さん、多賀谷克彦さん、永持裕紀さん、坂野康郎さん、浜田陽太郎さん、有田哲夫さん、松浦新さん、内藤尚志さん、小森敦司さん、西崎香さん、高谷秀男さん、岸善樹さん、中島隆さん、大海英史さん、畑川剛毅さん、丸石伸一さん、和泉純さん、秋山訓子さん、堀内京子さん。コンセプト作りに貴重なヒントをいただいた隈元信一さん、小室浩幸さん、長沼良行さん。著作物の活用でお世話になった平田かおりさん、デザイン作りに関わってくださった村瀬成人さん、浅野真紀さん。全体像を助言してくださった林泰義さん、谷中修吾さん、渡邊秀樹さん、齋藤陽子さん、一戸マサ子さん、平野由紀子さん、榎田佳世子さん、奥村知子さん。また、講談社エディトリアルの吉村弘幸さんと品田恭市さんにも、大変なご尽力をいただきました。ありがとうございました。

そして家族の素朴な想いを受け止め、出版までの長い道のりを我慢強く暖かく、ゴールまで導いてくださった新市民伝制作プロジェクトメンバーの西井泰之さん、高橋純一さん、田中雄一郎さん、河畠大四さん、村上朝子さん。取材、執筆、編集から、打ち合わせ等のあらゆる段取りまで、この二年間、くじけそうになるたびに皆さんの応援・ご協力に励まされ、感謝することの連続でした。本当にありがとうございました。

本書がＮＰＯの成長と発展に関わる人々、ＮＰＯに関心を持ってくださる人々にほんの少しでも役立つことを、それを心から願っていた辻の代わりに、祈ります。

２０１５年6月11日

辻　麻里子
明子
陽一郎

索引

本書掲載団体一覧

辻 陽明　つじ・ようめい

一九五五 - 二〇〇九年。大阪大学法学部卒業。一九八〇年、朝日新聞社に入社。経済部記者を経て、二〇〇四年より編集委員。ＮＰＯや公益法人などの「市民セクター」こそが混迷する日本の突破口になるとの信念で、その取材と記事の執筆に力を注いだ。社内外で「市民記者」「非営利セクター記者」と呼ばれた。

新市民伝制作プロジェクト

朝日新聞朝刊に辻が七〇回にわたって連載したコラム「新市民伝」（二〇〇五年一〇月八日〜二〇〇七年二月二四日）を、同僚・友人・知人・家族が辻の遺志を継いで単行本化するプロジェクト。ＮＰＯの創生期から成長期への二〇年の歩みや担ってきた人たちを取り上げ、ＮＰＯ革命の全貌を多角的に伝える取り組み。

新市民伝《しんしみんでん》　ＮＰＯ《エヌピーオー》を担《にな》う人々《ひとびと》

二〇一五年六月一一日　第一刷発行

著者　辻《つじ》 陽明《ようめい》＋新市民伝制作《しんしみんでんせいさく》プロジェクト

発行者　田村 仁

発行所　株式会社講談社エディトリアル

郵便番号　一一二-〇〇一三

東京都文京区音羽一-一七-一八 護国寺ＳＩＡビル６Ｆ

電話 〇三-五三一九-二一七一

データ制作　朝日メディアインターナショナル株式会社

印刷・製本　豊国印刷株式会社

定価はカバーに表示してあります。

落丁本・乱丁本は、購入書店名を明記のうえ、講談社エディトリアル宛てにお送りください。送料小社負担にてお取り替えいたします。

ISBN978-4-907514-21-1